ALÉM DAS APARÊNCIAS

HISTÓRIAS E REFLEXÕES PARA ENTENDER A VIDA

Solicite nosso catálogo completo, com mais de 350 títulos, onde você encontra as melhores opções do bom livro espírita: literatura infantojuvenil, contos, obras biográficas e de autoajuda, mensagens espirituais, romances palpitantes, estudos doutrinários, obras básicas de Allan Kardec, e mais os esclarecedores cursos e estudos para aplicação no centro espírita – iniciação, mediunidade, reuniões mediúnicas, oratória, desobsessão, fluidos e passes.

E caso não encontre os nossos livros na livraria de sua preferência, solicite o endereço de nosso distribuidor mais próximo de você.

Edição e distribuição

EDITORA EME

Caixa Postal 1820 – CEP 13360-000 – Capivari – SP

Telefones: (19) 3491-7000 | 3491-5449

Vivo (19) 9 9983-2575 🟢 | Claro (19) 9 9317-2800

vendas@editoraeme.com.br – www.editoraeme.com.br

MARCUS DE MARIO

ALÉM
DAS
APARÊNCIAS
HISTÓRIAS E REFLEXÕES PARA ENTENDER A VIDA

Capivari-SP
– 2019 –

© 2019 Marcus De Mario

Os direitos autorais desta obra foram cedidos pelo autor para a Editora EME, o que propicia a venda dos livros com preços mais acessíveis e a manutenção de campanhas com preços especiais a Clubes do Livro de todo o Brasil.

A Editora EME mantém o Centro Espírita "Mensagem de Esperança" e patrocina, junto com outras empresas, instituições de atendimento social de Capivari-SP.

1ª edição – agosto/2019 – 2.000 exemplares

CAPA | André Stenico
PROJETO GRÁFICO E DIAGRAMAÇÃO | Marco Melo
REVISÃO | Izabel Braghero

Ficha catalográfica

De Mario, Marcus, 1955
    Além das aparências – Histórias e reflexões para entender a vida / Marcus De Mario – 1ª ed. ago. 2019 – Capivari, SP: Editora EME.
    152 p.

    ISBN 978-85-9544-116-3

1. Espiritismo. 2. Crônicas espíritas. 3. Textos motivacionais. 4. Apelo à paz.
I. TÍTULO.

CDD 133.9

SUMÁRIO

Introdução 11

Capítulo 1
O anjo e o rei 15

Capítulo 2
A honestidade perante Deus 23

Capítulo 3
Duas irmãs, um casamento 29

Capítulo 4
A ilusão da beleza física 41

Capítulo 5
O cidadão 47

Capítulo 6
O essencial é invisível aos olhos 59

Capítulo 7
Vida de uma atriz...63

Capítulo 8
Ajudar faz bem à alma 73

Capítulo 9
Felicidade e dor 77

Capítulo 10
Autodescobrimento 87

Capítulo 11
Da educação dos filhos......................................91

Capítulo 12
Compaixão 97

Capítulo 13
O que faltava ao seu coração...........................101

Capítulo 14
Diante da dor 105

Capítulo 15
Um novo olhar...109

Capítulo 16
Mestre, guia e modelo 113

Capítulo 17
O perfume da flor..117

Capítulo 18
Os benefícios da gratidão................................121

Capítulo 19
Eu e meus filhos 125

Capítulo 20
Problema e solução 129

Capítulo 21
O doce canto do pássaro 133

Capítulo 22
Quanto pesa a dor.......................................137

Capítulo 23
Carta pela paz no mundo............................141

Quando as rosas exalam perfume e depositam uma gota de orvalho no coração do jardineiro, tudo vibra à sua volta e a vida parece ter outro sentido, que procura então cultivar.

INTRODUÇÃO

AS HISTÓRIAS CONTIDAS neste livro foram escritas em diversas épocas e em momentos bem diferenciados, mas sempre com o mesmo objetivo: ofertar ao leitor reflexões espirituais sobre o existir. Por esse motivo todos os contos têm caráter espiritualista, abordando a alma e a finalidade superior de estarmos aqui na Terra.

Para cada história apresento um complemento retirado da literatura espírita, com um breve comentário mostrando como aplicar o texto de forma prática.

Muitas histórias refletem o cotidiano, trazendo temas que são do convívio ou do conhecimento das pessoas, por fazerem parte da realidade social em que estamos inseridos, ou por serem veiculadas nos meios de comunicação. Assim, não são histórias fantasiosas, desprovidas de realidade, pelo contrário, levam a quem as lê, a ter um encontro consigo mesmo e com a sociedade humana.

De onde vieram as inspirações? Sem dúvida, das almas caridosas que insistem em me auxiliar, despertas além do túmulo no contínuo vivencial, aproveitando alguma coisa, pequenos e esmaecidos raios de sensibilidade abrigados em meu coração, para ampliar minha percepção do homem e do mundo, e assim ofertar ao leitor a possibilidade de construção de novos paradigmas sociais.

Sempre tive em meu coração uma ansiedade em mudar o mundo, não contendo as lágrimas diante da miséria, da guerra, da indiferença humana para com o seu próximo, sonhando com o dia em que seremos uma verdadeira civilização, onde o amor ensinado e vivenciado por Jesus esteja plenamente em ação. Assim as histórias foram surgindo, para serem ferramentas de construção moral do novo homem, aquele que vai mudar o mundo.

Nesse ideal, nasceram, junto com as histórias, outros textos reflexivos, que oferto a você, leitor amigo, como intervalos edificantes, culminando com a Carta pela Paz no Mundo.

Este livro veio a público em primeira edição no ano de 2011. Agora, revisto e ampliado, retorna às mãos dos leitores com a mesma proposta, mas enriquecido de textos que não aparecem na primeira edição.

Acalento a esperança de que os textos sejam utilizados na educação de crianças e jovens, na família e na escola, despertando-lhes as fibras mais íntimas, para um novo amanhecer, uma nova alvorada da humanidade.

Que a leitura destas páginas, em momentos de repouso e tranquila solidão, possa representar um refrigério para a alma sedenta de paz, e para a alma que procura alento para seus bons propósitos.

Marcus De Mario

Capítulo 1

O ANJO E O REI

SENTADO À MESA de seu gabinete, o rei vislumbrava através de um mapa a extensão territorial de seu domínio e os dados relativos à população, economia e política que estavam sob suas ordens. Quem olhasse o mapa naquele instante teria a impressão de estar diante de um império sólido, entretanto, quem pudesse sentir o coração de sua majestade perceberia as angústias íntimas que lhe sobressaltavam o espírito. Na verdade aquele mapa sem vida escondia as dificuldades político-administrativas do império, dividido em três regiões semi-independentes que brigavam entre si. E o que dizer dos problemas internacionais? Para o leigo, um paraíso aquele mapa, para o rei problemas e mais problemas.

Afundando na sua confortável cadeira estofada, lançou um olhar pelo gabinete e tudo o que estava à sua volta pareceu-lhe sem interesse. Certo que estava diante do ouro, do luxo, do bom e do melhor, mas uma acusação teimava em não sair de sua consciência, a de que ele era um dos principais culpados pela situação em que o império se encontrava. Não que fosse um mau administrador, entretanto inúmeras vezes confundira sua vida íntima com a vida do império, deixando que escândalos de sua conduta repercutissem nos negócios internos e externos do reino, perdendo assim a confiança dos próprios súditos.

O que fazer para recuperar a imagem de bom rei e reerguer a unidade do império? Esse pensamento o envolvia desde o café da manhã, e tão forte era que nem se dera conta da presença de uma estranha e simpática figura sentada logo à sua frente.

– Um bom rei não pode deixar que as teias de aranha do desânimo dominem seu íntimo – falou o inesperado visitante.

Assustado com aquela presença o rei quase acionou a guarda, mas foi contido pelo sorriso e ao mesmo tempo pela serenidade daquele rosto que o contemplava. Olhando mais atentamente percebeu que seu interlocutor tinha o corpo envolvido por uma luz clara e suave.

– Quem és tu?

– Sou teu anjo da guarda.

– E quem te deu permissão para entrar em meu gabinete? – disse o rei com autoridade.

– Tua autoridade, meu bom rei, não vai além dos seres humanos. Para nós, os anjos da guarda, ela nada significa.

Por alguns instantes o rei sentiu-se sem autoridade, sem poder e aguardou que o anjo da guarda lhe falasse.

Sentindo que o rei lhe aguardava, o anjo da guarda não perdeu tempo e expôs o motivo de sua visita.

– Como te disse, sou teu anjo da guarda, e cabe a mim a missão de proteger-te para as boas resoluções. Entretanto, meu bom rei teima em se distanciar dos bons conselhos que lhe sopro, e foge à proteção que lhe ofereço, forçando-me a assistir suas vergonhosas quedas no mundo íntimo, que de algum tempo vem se tornando públicas, para desespero do reino, para aflição tua e lágrimas minhas. Pois bem, tomado de compaixão e dentro dos limites de minha ação, venho estar diante do meu infiel protegido para traçar um roteiro de ações que, se seguido, irá devolver-te o equilíbrio.

Dando uma pausa, para que o rei melhor absorvesse suas palavras, o anjo continuou.

– O roteiro de ações que vou te propor requer disposição da força de vontade e renúncia a alguns hábitos. Estarás disposto a refazer a própria vida?

O rei, que se encontrava em silêncio e imóvel, vivamente deslumbrado com aquele quadro à sua frente, mudou de posição na cadeira estofada e majestosamente fez um sinal para que o anjo da guarda continuasse.

– Pois bem, eis o roteiro: de hoje em diante meu bom rei estará casado unicamente com o império, a benefício do povo.

E calou-se o anjo.

Pouco a pouco o rei viu desfilar em sua mente as amantes, as festas no palácio, as mordomias caras e luxuosas de que se servia, os passeios elegantes pelas vastas propriedades, os jogos com os amigos e sentiu um apego muito grande pelo que fazia e pelo que tinha. Em seguida teve início um desfile novo, dos súditos em empregos de baixa remuneração, das guerras do império ceifando vidas inocentes, das leis nem sempre justas favorecendo os ricos, das condições precárias de saneamento, de saúde e educação para a população. O rei sentiu-se preso de grande angústia.

– Se tu és meu anjo da guarda, ajuda-me a decidir – implorou sua majestade, como se fosse um súdito diante de seu superior máximo.

– Renúncia de alguns hábitos e força de vontade, eis tudo – disse-lhe enfaticamente o anjo da guarda.

O rei levantou e passou a caminhar pela ampla sala examinando objetos, móveis e pensamentos. Parou diante da porta artisticamente entalhada e enxergou ali o labirinto em que se encontrava. Viver para si mesmo ou viver para o povo?

– Não há um meio termo? – inquiriu ao anjo.

Este, estando em pé, respondeu com tanta firmeza e justiça que envergonhou sua majestade.

– O equilíbrio que perguntas já foi perdido pelos teus desmandos na vida particular e pelo teu desleixo na vida pública.

Não havia como contra-argumentar, era verdade.

O rei suspirou longamente e ao voltar-se para o anjo não mais o encontrou. A sala estava vazia e sua mente repleta de interrogações. Sentiu o ambiente abafado, não tanto pelo calor, mas pela angústia, e abriu a porta lançando-se à antecâmara onde ficavam os serviçais e os guardas. À sua esquerda estava um rapazote de semblante assustado, que normalmente lhe servia água e refrescos. Pela primeira vez o rei teve curiosidade em saber algo sobre o rapaz.

– Quantos anos você tem, menino?

– Quinze anos, senhor – respondeu o rapaz, assustado.

– E quanto te pago pelos serviços que me presta?

– Alguns trocados, apenas, senhor. Somente meu pai recebe como criado do palácio.

Lançando o olhar pela sala o rei entendeu que ninguém estava compreendendo o diálogo, inédito. Chamou seu mordomo, companheiro de tantos anos, e ainda na frente de todos, perguntou:

– O que esse menino diz, é verdade?

– Sim, majestade, é verdade.

– E no meu reino todas as crianças que trabalham pouco recebem?

Sentindo-se constrangido, o mordomo quis evitar o assunto, mas o rei insistiu e ele foi obrigado a dizer o que era de conhecimento de todos, motivo também de insatisfação popular:

– É verdade isso, senhor meu rei.

Sem saber se era a própria consciência ou se era o anjo da guarda a lhe inspirar o pensamento, reconheceu o rei que muito recebia e nada lhe faltava, que não era justo, tendo muito, não pagar dignamente os que lhe prestavam serviços.

Compreendeu então o alcance das palavras do anjo da guarda, porque para mudar as leis do império teria que estar provido de uma coragem que só uma firme força de vontade poderia sustentar, ao mesmo tempo em que teria de renunciar a muito do que possuía, tanto em valores materiais como, inclusive, aos hábitos. Era um desafio a vencer, uma nova vida a construir, um bem a realizar. Sentiu-se revigorado. A vida, até ali, havia sido entediante, cheia de prazeres que murchavam logo depois e deixando graves consequências para ele mesmo, que se sentia sozinho, vazio, desmotivado.

– Aceito o roteiro – falou em voz alta.

Todos se olharam, sem compreender o que o rei pronunciara e, fosse o que fosse, depois agradeceram aos céus pela mudança sofrida a partir daquele dia por sua majestade.

Voltando ao seu gabinete, o rei dirigiu-se à janela contemplando o lindo céu daquela manhã, agradecendo de foro íntimo pela visita oportuna do mensageiro. Em seguida chamou o primeiro ministro e deu início ao roteiro combinado.

Até hoje as orações de agradecimento aos anjos da guarda são dirigidas ao céu, como se ali fosse a morada deles, mas será que antes de residirem nas alturas eles não se encontram em nossa própria consciência?

Esclarece São Luiz

Há uma doutrina que deveria converter os mais incrédulos, por seu encanto e por sua doçura: a dos anjos da guarda. Pensar que tendes sempre ao vosso lado seres que vos são superiores, que estão sempre ali para vos aconselhar, vos sustentar, vos ajudar a escalar a montanha escarpada do bem, que são amigos mais firmes e mais devotados que as mais íntimas ligações que se possam contrair na Terra, não é essa uma ideia bastante consoladora? Esses seres ali estão por ordem de Deus, que os colocou ao vosso lado; ali estão por seu amor, e cumprem junto a vós todos uma bela, mas penosa missão. Sim, onde quer que estiverdes, vosso anjo estará convosco: nos cárceres, nos hospitais, nos antros do vício, na solidão, nada vos separa desse amigo que não podeis ver, mas do qual vossa alma recebe os mais doces impulsos e ouve os mais sábios conselhos.

O Livro dos Espíritos, **questão 495, Allan Kardec, edição Feesp 1972, tradução e notas de José Herculano Pires.**

Não esperemos, como o rei, chegar a uma encruzilhada da vida para, só então, ouvir os sábios conselhos do anjo da guarda. Ouçamo-lo sempre através da oração matinal que prepara nosso dia, e pela meditação antes de qualquer decisão.

Para sentirmos e ouvirmos nosso anjo da guarda façamos esforços para desprendermo-nos das coisas materiais, dando prioridade às conquistas espirituais, que são íntimas e ficam conosco para sempre.

Capítulo 2

A HONESTIDADE PERANTE DEUS

ENCONTRAMOS NO LIVRO *O Céu e o Inferno* importante mensagem do espírito Joseph Bré, onde ele faz distinção entre ser honesto perante os homens e ser honesto perante Deus. Isso causou surpresa para sua neta, que o havia evocado, e que sempre tivera no avô um homem honesto. Kardec lembra que já haviam se passado 22 anos de sua desencarnação, e mesmo assim informava que ainda sofria a expiação pela sua descrença, carregando o desgosto de não ter aproveitado melhor sua vida na Terra.

Diante da surpresa da neta, e por esta ter feito a evocação no intuito de se esclarecer, ou seja, com o objetivo de aprendizado, Joseph Bré inicia uma longa explicação, a qual chamou a atenção do codificador, que colocou a comunicação espiritual iniciando o capítulo "espíritos em condições medianas", da segunda parte do livro que estuda a justiça divina na visão espírita. Passemos, então, a palavra ao amigo espiritual, que inicia explicando a questão da honestidade perante os homens:

> Aí entre vós, é reputado honesto aquele que respeita as leis do seu país, respeito arbitrário para muitos. Honesto é aquele que não prejudica o próximo ostensivamente, embora lhe arranque muitas vezes a felicidade e a honra, visto o código penal e a opinião pública não atingirem o culpado hipócrita. Em podendo fazer gravar na pedra do túmulo um epitáfio de virtude, julgam muitos terem pago sua dívida à Humanidade! Erro! Não basta, para ser honesto perante Deus, ter respeitado as leis dos homens; é preciso antes de tudo não haver transgredido as leis divinas.

Sabemos que a lei humana é falha, muitas vezes arbitrária, deixando lacunas para o sabor da interpretação, e que normalmente não abrange questões de ordem moral. Então, se aparentamos respeito a essas leis, ou seja, se não as transgredimos ostensivamente, somos reputados como cidadãos honestos. Mas, e quando burlamos o fisco na hora da declaração do imposto de renda? E quando damos uma "propina" ao guarda de trânsito para nos livrar de uma multa? E quando falamos, nos bastidores, mal do outro? E quando, fingindo honestidade, damos um jeito de levar alguma vantagem, na verdade ilícita?

Tem razão Joseph Bré, nosso amigo espiritual. Não basta respeitar as leis do país onde vivemos. Não basta não prejudicar alguém ostensivamente, é preciso tudo fazer para nunca prejudicar alguém, seja em qual circunstância for. Ele lembra a grave questão da felicidade e da honra do próximo, cujos golpes que desferimos contra normalmente não são alcançados pelo código penal humano. De fato, quantas vezes causamos especulação, maledicência, boatos etc, com o intuito de prejudicar alguém ou uma instituição, com o claro objetivo de auferir vantagens e lucros? Em não havendo provas ou testemunhas, ficamos impunes e ostentando uma auréola de honestidade.

Entretanto, esquecemos que a lei divina está gravada em nossa consciência, como informam os espíritos superiores na questão 621 de *O Livro dos Espíritos* e, portanto, mais dia, menos dia, teremos de prestar contas com o Criador dos nossos atos ilícitos feitos longe do público, que, se não ferem a lei humana, contrariam a lei divina.

Prossegue o texto da mensagem:

> Honesto aos olhos de Deus será aquele que, possuído de abnegação e amor, consagre a existência ao bem, ao progresso dos semelhantes; aquele que, animado de um zelo sem limites, for ativo no cumprimento dos deveres materiais, ensinando e exemplificando aos outros o amor ao trabalho; ativo nas boas ações sem esquecer a condição do servo ao qual o Senhor pedirá contas um dia do emprego do seu tempo; ativo finalmente na prática do amor de Deus e do próximo.

A simples leitura do texto já nos dá a dimensão da diferença entre honestidade perante os homens e perante Deus. Consagrar a existência ao bem, sem olhar a quem, é estar de acordo com a lei divina, é poder deitar a cabeça com a consciência tranquila. E mais: é preciso estar sempre ativo, consagrando a existência às boas obras, sejam elas materiais ou morais, pois verdadeiramente honesto é o que dá o próprio exemplo de amor e abnegação ao próximo e à sociedade.

Lembra ainda que estamos aqui na Terra de passagem, que tudo o que existe e que temos, em verdade não nos pertence e sim a Deus, portanto, temos de prestar contas do uso que fazemos daquilo que não é nosso. Se bom uso fizemos, dedicando-nos ao amor e à bondade, de nada temos que nos queixar, do contrário, temos que enfrentar a devida expiação, ou seja, temos que nos dedicar à reparação dos prejuízos que causamos a nós mesmos e aos outros.

A finalização do texto é um alerta muito sério a respeito de como convivemos com os outros e a repercussão disso depois da morte:

> Assim, o homem honesto, perante Deus, deve evitar cuidadosamente as palavras mordazes, veneno escondido nas flores, que destrói reputações e acabrunha o homem, muitas vezes cobrindo-o de ridículo. O homem honesto, segundo Deus, deve ter sempre cerrado o coração a quaisquer germes de orgulho, de inveja, de ambição; deve ser paciente e benévolo para com aqueles que o agredirem; deve perdoar do fundo d'alma, sem

> esforços e sobretudo sem ostentação, a quem
> quer que o ofenda; deve, enfim, praticar o precei-
> to conciso e grandioso que se resume "no amor
> de Deus sobre todas as coisas e ao próximo como
> a si mesmo."

Cuidemos do que pensamos e do que falamos e es-
crevemos. A maledicência é porta de perdição. Teremos
de dar conta das vidas que com ela prejudicamos. To-
memos cuidado com a inveja, o orgulho, o despeito, a
mágoa, o desejo de vingança. Se aqui na existência corporal podemos disfarçar esses sentimentos negativos,
mantendo uma capa de bondade, honestidade e humildade, esse disfarce de nada vale quando retornamos à
vida espiritual, pois tudo será então revelado, e não es-
caparemos do julgamento da própria consciência, que
nada mais é do que o acerto de contas, o ajuste com a
lei divina.

Como vemos, não basta ser honesto perante os homens, acima de tudo é necessário ser honesto perante Deus. Se assim não procedermos seremos mais um
Joseph Bré da vida, tendo que amargar sofrimento na
dimensão espiritual, carregando dolorosa expiação por
termos desdenhado de Deus, nosso Pai, e da finalidade
superior da reencarnação, que é nos dar oportunidades
de avançarmos, de progredirmos intelectualmente e
moralmente, rumo à perfeição

Capítulo 3

DUAS IRMÃS, UM CASAMENTO

ATRAVÉS DA JANELA entreaberta pude ver as duas irmãs sentadas no sofá da sala. Uma entretida com a leitura de um livro, outra conversando ao telefone. Absorta na leitura, qual estudante ou leitora apaixonada, Amaris deslizava seus olhos mágicos sobre as linhas escritas no papel, como a viajar no sonho da interpretação literária. Amaris tinha mediana estatura, cabelos curtos, escuros e um corpo de beleza igual a tantas outras moças de seus vinte e cinco anos, sem se destacar no meio de todas elas, antes por sua beleza igual do que por não ser bonita. Sentada no sofá com as pernas cruzadas no descuido da moça despreocupada depois dos afazeres domésticos, lia, totalmente esquecida dos acontecimentos em torno de si. Que livro seria? Um romance, talvez uma novela, ou ficção? Talvez um livro didático do curso universitário no qual vinha se aplicando. Nunca soube.

Ísis, irmã de Amaris, na plena juventude de seus dezoito anos, era bela como flor orvalhada que perfuma as manhãs de um jardim. Os cabelos negros desciam ao colo como um véu de noiva e seu corpo parecia escultura de hábil artista. Seu rosto podia refletir tanto o sol como a lua, e as lágrimas da chuva diziam da incapacidade da natureza descrever-lhe a beleza. Ísis era formosa, mas possuía o vício da língua que não mede limites, e o telefone era seu veículo de comentários e mais comentários, num desprezo ao tempo.

Ísis tinha muitas amigas. Amaris tinha muitos livros.

Ísis não conseguia encontrar o eleito do seu coração, embora rodeada de homens. Amaris era noiva e estava com o casamento marcado.

Como pode a beleza comum ser mais feliz que a beleza cristalina? Essa era a pergunta que Ísis se fazia todos os dias, num misto de ciúme e inveja da irmã. Que tinha Amaris que ela não tinha?

Do outro lado da janela, como um espectador, meditava sobre essas duas irmãs e suas diferenças. Os mesmos pais, o mesmo lar, a mesma educação, mas eram diferentes. Diferentes na inteligência, no temperamento, no sentimento, na personalidade.

Amaris era meiga. Ísis era agitada.

Amaris estudava para se aperfeiçoar. Ísis estudava para cumprir uma obrigação.

Amaris era caseira, enquanto Ísis apreciava festas.

Amaris era uma boa amiga e Ísis mudava de amizades como a folha solta muda de lugar conforme sopra o vento.

De onde provinham as diferenças tão marcantes dessas duas irmãs? Que mistério encobre o antes do ser? Como resolver as diferenças numa vida em comum?

Deixei a janela e procurei o socorro de dona Isolda, a vizinha amiga de todos, com os cabelos brancos encaracolados mais ternos que já conheci, testemunhas de uma sabedoria plenificada por setenta anos de experiências e estudos.

– Entre, não fique apenas na porta, você já sabe que não precisa bater, basta entrar – falou-me com um sorriso de ternura.

– Obrigado, dona Isolda, como sempre a senhora sabe receber muito bem.

– Você e todas as pessoas que me visitam são bem recebidas.

– Deus lhe abençoe.

E beijei-lhe as faces, tendo nela quase que minha mãe, e não apenas uma vizinha.

– Qual o acontecimento especial que lhe traz aqui em dia e horário tão fora do comum?

– A senhora, como sempre, percebe logo quando temos um assunto diferente.

– Não é uma questão de perceber por perceber, mas de observação. Sábado à noite não é o tempo certo de sua visita, pelo contrário, sacrifica seus hábitos.

– Tem razão, dona Isolda, mas hoje é uma exceção.

E narrei-lhe minhas dúvidas quanto às irmãs Amaris e Ísis, desejando ouvir seus judiciosos conceitos, pois a palavra dos mais velhos é sábia quando acompanhada da experiência e do bom-senso, duas coisas que sobravam em dona Isolda e muitas vezes faltavam a este narrador. Por um instante tive a sensação de que minha vizinha quase mãe meditava, procurando equilibrar cérebro e coração para abordar o assunto. A simpatia que sempre irradiava punha nessas ocasiões um tom de respeito mais profundo. Sentada no grande sofá da sala – ela não gostava de poltronas individuais – dona Isolda me disse:

– Somente Deus poderia nos responder quanto às diferenças entre as duas irmãs, mas é fato, e você o sabe, que não existem pessoas idênticas em tudo no mundo. Por mais duas pessoas se pareçam, sempre há esta ou aquela diferença, seja no físico ou no temperamento. Creio que Deus assim nos fez sabiamente, para que aprendamos com as diferenças, num esforço de bem conviver. Sem isso, tudo seria monótono, sem sentido.

As palavras de dona Isolda eram a oportunidade para aprofundar o assunto.

– É verdade, mas porque Ísis, tão bonita e alegre, não é feliz como Amaris?

– E quem disse que a beleza e a alegria são suficientes para trazer a felicidade? Muitas vezes a beleza encanta e seduz os que vivem na superfície da realidade da existência, deixando a alma entregue a dúvidas e agonias. Quando a mulher é bela está sujeita ao jogo do prazer e corre o risco de não encontrar amizades sinceras, mas tão somente exploradores de sua beleza, aproveitadores que em seguida saem à caça de outra mais bela. A beleza também traz a ilusão da conquista, cegando a mulher, que pensa tudo poder conquistar com o seu corpo, daí as futilidades, os prazeres efêmeros, o vazio, a inveja e o ciúme. Ser bela pode trazer alegrias, mas nem sempre a felicidade.

Meu coração era o leite em que se derramava o mel das palavras de dona Isolda. Ísis não era feliz porque baseava sua vida apenas na beleza física, no apelo sensual do corpo. Amaris era feliz porque sua vida possuía outros valores, menos perecíveis, menos imediatos.

– A senhora já foi jovem e bela, e teve outras irmãs – observei, querendo extrair um depoimento pessoal.

– Jovem, sim, bela não é o termo, a não ser que sua bondade o deixe cego. Tive duas irmãs e as vi casarem para só depois eu mesma casar, mas não tive ciúme delas porque sempre soube que o casamento faz parte da vida e do amor, e que o "príncipe encantado" deve surgir na hora própria, sem precipitação. Talvez seja isso que esteja faltando para Ísis.

O relógio cuco anunciou vinte horas e dei-me conta que o tempo solicitava minha despedida, mesmo porque me sentia plenamente satisfeito.

– Tenho que ir, dona Isolda. Suas palavras me elucidaram bastante e eu agradeço por isso.

– É uma pena tenha de ir. Não pode ficar um pouco mais para tomar um café?

Agradeci pela singela lembrança e, novamente contrariando meus hábitos, deixei o café para outra oportunidade.

Meus pensamentos estavam mais ricos depois das palavras de dona Isolda, e sentia no íntimo a necessidade de aprofundá-los, por isso apertei os passos até meu apartamento, o lugar ideal para meditar sem interrupção. Sentei no sofá e um cansaço vindo não sei de onde começou a dominar-me, num convite ao sono. Pensamento voltado para as duas irmãs, adormeci e sonhei.

Diante de mim estava Amaris, sentada ao chão com as pernas cruzadas, olhando-me fixamente, mas com uma suavidade que convidava à calma. Densos véus suspensos no ar nos cercavam, sem que pudesse distinguir o ambiente em que nos encontrávamos, todo ele em tons azuis e brancos. Sentia-me leve e com vontade de explorar esse novo ambiente, entretanto Amaris acenou-me, indicando um local para sentar-me, e assim o fiz, agora movido pela curiosidade.

– Você quer falar comigo?

Era mesmo ela, pois lhe reconhecia também a voz, e sabia que lhe desejava falar, o que soava estranho, já que há vários dias não mantínhamos contato. O que estaria acontecendo? Algum prodígio do pensamento ou meramente um sonho inventado pela mente? Tudo era tão real, tão verdadeiro, que me sentia incomodado em não conseguir dar resposta às minhas dúvidas. Aquietei-me e respondi:

– Sim, Amaris, desejo ter uma conversa com você.

– Pois então, aqui estou para lhe ouvir e responder às suas indagações.

– Como sabe que trago perguntas?

– O vento sopra e você não sabe de onde ele vem e nem para onde vai, mas sabe onde ele está. Assim também é o pensamento, que não sabemos de onde vem e nem para onde vai, mas sabemos o que ele quer.

Para mim essa resposta de Amaris indicava uma sabedoria que estava longe de imaginar ela possuísse, mas sem dúvida iria facilitar nosso diálogo.

– Amaris, sei que você está noiva e com a data do casamento marcada, tornando-a feliz, entretanto, essa sua felicidade é motivo de ciúme de sua irmã Ísis. Ela é bela e você o sabe, por isso gostaria de saber como você convive com ela neste momento.

– Como a irmã mais velha que se esforça em compreender a luta para manter o equilíbrio e a harmonia mesmo dentro da diversidade.

– Mas, e o ciúme?

Demonstrando melancolia na expressão do olhar, Amaris falou como que tocada pela mão de um anjo, tal a doçura da voz e a limpidez de seus argumentos.

– Meu amigo, o ciúme é a erva daninha que cresce ao lado da planta, por excesso de inveja, procurando alimentar-se da vida que não lhe pertence. A erva daninha esquece que também é vida e pode crescer por si mesma, sem depender da planta que está ao seu lado. Nós somos assim, tomados pela vaidade e orgulho não sabemos construir a própria vida, confundindo valores na ânsia de termos de imediato todos os sonhos realizados. Entretanto a vida é feita do fator tempo, que implacavelmente determina que tudo que é matéria envelheça, podendo ser substituído. Assim, quem se agarra à matéria é náufrago iludido por miragem em forma de salva-vidas. Minha irmã desconhece a felicidade porque só conhece a beleza física, e vivencia o ciúme porque ainda não compreendeu que o amor só é verdadeiro quando a alma fala mais alto que o corpo.

Instintivamente procurei com o olhar o anjo celestial a inspirar Amaris, afinal mais parecia estarmos em algum pedaço do céu, mas nada encontrei, a não ser o mesmo ambiente, todo iluminado, mas sem que eu pudesse distinguir o teto e a origem dessa iluminação. Voltei meu olhar para Amaris, que agora parecia mais bela. Ela sorria, aguardando minha palavra.

– Digo-lhe com sinceridade que sua explicação deixou-me satisfeito, e fico feliz em ver uma moça com a cabeça no lugar, como se diz, preocupada com valores menos perecíveis, pois a juventude ultimamente tem-se voltado muito à sensualidade.

– É verdade isso, contudo, desde a adolescência já havia compreendido que o caminho para uma vida feliz não era esse, pelo contrário, se ligava aos valores do coração, mais puros e eternos.

– Talvez – argumentei – seja o que falta a Ísis.

A menção do nome de sua irmã de imediato mudou todo o ambiente ou, não saberia dizer, mudou-me de ambiente. Num abrir e fechar de olhos, Amaris desapareceu e um mal-estar me dominou. Sem saber como, os tons azuis e brancos suspensos naqueles véus foram trocados por uma névoa acinzentada que me aturdiu os sentidos, deixando-me totalmente confuso.

Onde estava Amaris? E o ambiente, por que tão repentina mudança? Dei-me conta de estar em pé e ouvindo uma ou mais vozes distantes. Comecei a arrastar os pés entre a névoa usando os ouvidos como bússola, até aproximar-me de quem estava falando. Era Ísis, que parecia não notar minha presença, ou não dava importância à minha presença. As formas de seu corpo pareciam mais acentuadas, e seus negros cabelos emolduravam as linhas formosas de sua beleza, entretanto, seu rosto estava pálido e uma falta de expressão assinalava seus gestos e sua fala. Enchi-me de coragem e perguntei:

– Ísis, você está bem?

– Como posso estar bem se não sou feliz? Olhe para mim. Eu sou linda como é linda a lua prateada que adorna as noites estreladas. Sou bela como é bela a luz do sol que aquece os dias. E não sou feliz.

– Talvez a felicidade não esteja simplesmente na beleza do corpo – argumentei.

Essa minha observação desencadeou forte objeção.

– Como não está na beleza? Claro que está. O que é mais bonito que o prazer? Onde encontrar alegria maior do que a sensação de ser cortejada, de ser desejada? Só não sei ainda como manter por tempo duradouro tudo isso que sinto.

– Você sente um vazio no íntimo?

– Um vazio, isso mesmo, um vazio...

– Desculpe-me se volto a insistir, mas talvez esse vazio exista porque você não tem dado muita oportunidade para ouvir seu coração. Sua vida está muito ligada ao prazer do corpo, prazer esse passageiro, e pouco ao prazer da alma, que fica pela eternidade. Hoje você tem dezoito anos e é muito bonita, mas, e quando a velhice se aproximar? Você não percebe que aqueles que lhe desejam só desejam o prazer do seu corpo jovem, e que depois vão embora?

Ísis ficou um tempo sem falar. Fixou seus olhos em mim pela primeira vez e disse:
- Devo ser como minha irmã Amaris?
Não tive tempo de argumentar. A menção do nome da irmã novamente tudo mudou e um suor incômodo me despertou.

O sonho acabara. Eu estava deitado no sofá da sala, admirado pelos acontecimentos. Fora um sonho, mas tão real que podia jurar tivesse tido esse encontro com Amaris e Ísis.

Resolvi encerrar meu dia e antes fui olhar o mundo através da janela, talvez na esperança de encontrar alguma resposta.

A noite estava sem estrelas e não consegui localizar a lua, encoberta pelas nuvens. Pensei na falta de cenário para uma meditação. Cenário? E quem precisa de cenário com todo o conteúdo que já tinha obtido? Bastava pensar, apenas pensar.

Pensar que existem valores e valores na vida, e que a maior ou menor felicidade está justamente nos valores que elegemos por principais.

Ao deitar, antes de adormecer, a voz de dona Isolda ressoou em meu ser:
- Ser bela pode trazer alegrias, mas nem sempre felicidade.

Dormi e sonhei com meu casamento, um dia.

APRENDEMOS COM OS ESPÍRITOS

A virtude não consiste numa aparência severa e lúgubre, ou em repelir os prazeres que a condição humana permite. Basta referir todos os vossos atos ao Criador, que vos deu a vida. Basta, ao começar ou acabar uma tarefa, que eleveis o pensamento ao Criador, pedindo-Lhe, num impulso da alma, a sua proteção para executá-la ou a sua bênção para a obra acabada. Ao fazer qualquer coisa, voltai vosso pensamento à fonte suprema; nada façais sem que a lembrança de Deus venha purificar e santificar os vossos atos.

Um espírito protetor, mensagem "O homem no mundo", cap. 17 de *O Evangelho segundo o Espiritismo*, de Allan Kardec, 32ª edição, Lake.

No dia a dia raras são as vezes em que nos lembramos de Deus e O agradecemos pelas oportunidades de trabalho e aprendizado. Vivemos os prazeres do mundo como se fossem as coisas máximas do viver, e, mesmo assim não conseguimos paz de espírito. É que procurar e desenvolver virtudes é o mais importante, porque as virtudes acompanham a alma imortal para todo o sempre.

Os prazeres relacionados ao corpo devem ser fruídos com moderação, com equilíbrio, sem desgastes desnecessários.

Quem acredita que a beleza do corpo seja o principal, equivoca-se, pois o corpo passa, mas a alma, imortal, continua. As paixões esgotam, o amor plenifica.

Capítulo 4

A ILUSÃO DA BELEZA FÍSICA

É TRISTE VER principalmente as jovens mulheres colocarem todas as suas forças, gastar todas as suas energias em exercícios, cirurgias e medicamentos para conquistar e manter a beleza física, o corpo bonito, a sexualidade sempre explodindo. É triste porque muitas não medem as consequências, com resultados desastrosos, chegando mesmo à morte. E ainda mais triste porque confundem o corpo com a alma, colocam no trono o impermanente, pois o corpo nasce, vive e morre, deixando largado na periferia o que é permanente, a própria essência, que é o espírito.

A esse respeito, que a desilusão da morte acarreta, pois na verdade ninguém morre, o espírito Marilyn Monroe, através da psicografia de Chico Xavier, no livro *Estante da vida*, em entrevista concedida ao espírito Humberto de Campos, assim se pronuncia:

> Bem, diga às mulheres que não se iludam a respeito de beleza e fortuna, emancipação e sucesso... Isso dá popularidade e a popularidade é um trapézio no qual raras criaturas conseguem dar espetáculos de grandeza moral, incessantemente, no circo do cotidiano (...) O lar é uma instituição que pertence à responsabilidade tanto da mulher quanto do homem. Quero dizer que a mulher lutou durante séculos para obter a liberdade... Agora que a possui nas nações progressistas, é necessário aprender a controlá-la. A liberdade é um bem que reclama senso de administração, como acontece ao poder, ao dinheiro, à inteligência... (...) Concorrendo sem qualquer obstáculo ao trabalho do homem, a mulher, de modo geral, se julga com direito a qualquer tipo de experiência e, com isso, na maioria das vezes, compromete as bases da vida. Agora que regressei à Espiritualidade, compreendo que a reencarnação é uma escola com muita dificuldade de funcionar para o bem, toda vez que a mulher foge à obrigação de amar, nos filhos, a edificação moral a que é chamada.

Quantas mulheres, jovens ou não, tudo fazem pela popularidade, por se tornarem famosas? Submetem-se a tratamentos sem eficácia comprovada, realizam cirurgias plásticas apenas por estética, fazem implantes os mais diversos, pululam em torno de celebridades para serem fotografadas e terem o corpo bonito estampado nas mídias, se arrepiam só com o pensar em ter filhos, e quando os têm, seguem dietas e exercícios para pouco engordarem e o mais rápido possível readquirir a forma corporal de antes. Tudo pela beleza física, pela popularização, numa ilusão sem tamanho, da qual o depoimento da tão conhecida atriz norte-americana não deixa dúvidas.

Todos sabem da vida sem freios que Marilyn Monroe teve, protagonizando escândalos e abusando de sua sexualidade num corpo muito bonito, o que lhe acarretou desilusões, estados depressivos, dependência química, a perda paulatina do glamour e a consequente desencarnação em estado espiritual deplorável, como lemos na citada entrevista.

A liberdade, quando confundida com a libertinagem, é qual carro sem freio numa ladeira. Se o homem, ao longo da história, cometeu abusos e excessos de toda ordem, submetendo a mulher à tirania e subalternidade, os direitos iguais hoje alcançados, e sancionados pela lei divina, não significam que deve a mulher tudo fazer, tudo experimentar, acabando por cometer os mesmos erros que outrora mancharam o homem. Ao viver no sabor da ilusão da beleza física e do sexo, avilta a mulher seu caráter, seu senso moral.

E quanto ao sexo, assim adverte Marilyn:

> (O sexo) pode ser comparado à porta da vida terrestre, canal de renascimento e renovação, capaz de ser guiado para a luz ou para as trevas, conforme o rumo que se lhe dê. Não tenho expressões para falar sobre isso com o esclareci-

> mento necessário; no entanto, proponho-me a afirmar que o sexo é uma espécie de caminho sublime para a manifestação do amor criativo, no campo das formas físicas e na esfera das obras espirituais, e, se não for respeitado por uma sensata administração dos valores de que se constitui, vem a ser naturalmente tumultuado pelas inteligências animalizadas que ainda se encontram nos níveis mais baixos da evolução.

Em dias de poliamor (uma mulher com dois ou três namorados, em livre relacionamento sexual); de exacerbação do homossexualismo (relação entre mulheres – e também entre homens); de pornografia aviltante da mulher pela internet; de péssimos exemplos por parte de atrizes do cinema e da televisão, protagonizando separações e escândalos, na sensualização do erotismo; de gravidez precoce e de alto risco em adolescentes, a advertência do espírito Marilyn Monroe deve soar como um alerta a todas as mulheres, pois se a ilusão da beleza física e do sexo sem compromisso não acarretar maiores consequências durante a existência física, com certeza cobrarão veementemente a mulher após a morte, no retorno à realidade espiritual. Claro fica que os homens que se aproveitaram das ilusões femininas, também responderão perante a lei divina, pois ninguém se compromete sozinho no campo da sexualidade.

A famosa atriz, já neste mundo, amargou processo espiritual obsessivo, envolvida por espíritos moralmente inferiores, sedentos das energias sexuais, e com eles teve que se confrontar no mundo espiritual, arrastando sofrimentos que preferiu não abordar em seu depoimento, por muito dolorosos para sua consciência.

Se você, companheira de jornada, teve a bênção de um corpo bonito, saiba que isso não se deu por acaso, mas sim devido a um planejamento reencarnatório feito no mundo espiritual, e que lhe compete respeitar o corpo e fazer-se respeitada por todos, caminhando firme na sublimação das energias sexuais, no compromisso maior de aprender a amar, esse sublime sentimento, colocando-se a serviço da regeneração de si mesma, dos filhos, do esposo e da humanidade.

Se dúvidas lhe assaltam, se anseios ocultos emergem, põe Jesus em seu pensamento e em seu coração, rogando-lhe assistência, e ele lhe auxiliará, como fez com Madalena e tantas outras mulheres, a quem nunca recusou a palavra e a mão amiga, mas, ouve com atenção, no recôndito da alma, a advertência do Cristo: "Vai, e não peques mais", e, assim, encontrando a felicidade no prazer de servir ao próximo, vencendo as ilusões do mundo, prossegue firme rumo ao que é essencial, mas invisível aos olhos: o amor incondicional que somente a beleza da alma pode retratar.

Capítulo 5

O CIDADÃO

Quando o carro branco despontou na curva, a senha voou pelo morro acima: seu Antônio estava chegando, era dia de fartura e muita alegria.

Duas vezes por semana, em dias alternados, seu Antônio, como era conhecido, estacionava o carro na entrada da Ladeira dos Agitos, e dele tirava roupas, remédios, alimentos com que socorria parte da comunidade carente. E fazia questão de subir a ladeira devagar, brincando com as crianças, sempre com uma palavra de esperança e uma orientação. Era o seu Antônio um verdadeiro pai para alguns, ou um tio muito querido para a criançada, ou ainda um bom amigo para outros. Era a utilidade pública em pessoa, fazendo mais do que as autoridades, e sozinho.

Seu Antônio tinha entre quarenta e cinquenta anos, pouco falava de si mesmo e ninguém sabia de onde ele vinha. Era um salvador misterioso. O carro servia até de ambulância, e as horas não eram sua preocupação. Quanta vez não havia ficado da manhã até o final do entardecer?

Assim que estacionou foi recebido pela notícia dada pelo velho Antunes:

– A dona Clotilde morreu.

– A dona Clotilde sofria do coração e já estivera internada, e com o calor que vinha fazendo, coitada, não deve ter aguentado.

– Não, seu Antônio, ela não morreu do coração – e baixando a voz – ela morreu de bala dos bandidos.

– A dona Clotilde?

Como podia ser? Dona Clotilde era mansa, mulher bondosa, de coração aberto, trabalhadora. Havia criado os filhos e os netos sem nenhum tipo de envolvimento com a marginalidade. Como podia ser isso?

O velho Antunes se foi sem mais nada falar.

Como a casa de dona Clotilde ficava mais acima na ladeira, seu Antônio resolveu iniciar o atendimento normal, para só depois visitar a família.

– Tem alguma coisa diferente, hoje – ele murmurou.

Motivos para assim pensar tinha de sobra. Primeiro, a causa da morte de dona Clotilde. Segundo, a maneira como estava sendo recebido pelas famílias. Havia um ar de reserva, e as palavras eram poucas. Também as crianças pareciam arredias, assustadas.

A Ladeira dos Agitos não era a mesma. As pessoas estavam diferentes.

De casa em casa, de visita em visita, mais rápido do que o costume, seu Antônio chegou na casa de dona Clotilde, ou melhor, na casa dos familiares de dona Clotilde, que o receberam com simpatia e igualmente com poucas palavras.

– Quando foi?

– Na última terça-feira – respondeu o filho mais velho.

– E vocês, tudo bem?

– Sim, tudo bem.

– Parece que foi uma bala perdida – comentou, para puxar conversa.

Os familiares se olharam e foram se retirando da sala, ficando apenas o filho mais velho, Ítalo.

– O que está havendo?

– Bem, seu Antônio, os homens mandaram o senhor ir embora.

– Os homens, Ítalo? Que homens são esses?

– O senhor sabe, o pessoal da pesada. Eles mandaram dizer que a ladeira é território deles.

– E o que a dona Clotilde, sua mãe, tem a ver com essa história?

– Eles falaram com ela, aí ela respondeu que não tinha nada que a obrigasse a cumprir ordens deles, e que o senhor era boa pessoa, não os incomodava.

– E por causa disso ela morreu?

– Foi um aviso para todos nós, e para o senhor.

Seu Antônio estava estarrecido. Jamais pensara numa situação igual a essa.

É certo que o bem incomode o mal, mas este reagir de uma forma assim tão desumana? Por que não vieram conversar diretamente? E qual era o incômodo que sua atividade exercia, já que nunca houvera interferido com as atividades dos moradores e da comunidade?

Tudo o que fizera até aquele dia fora apenas socorrer os problemas de desnutrição, higiene, saúde, num trabalho de formiga, sem distinções. Lembrava perfeitamente de quando assistia pela televisão ou lia nos jornais, as precárias condições das inúmeras comunidades carentes da cidade, sentindo-se, nessas ocasiões, incomodado com sua situação de cidadão sem problemas e que nada fazia para amenizar o sofrimento alheio. Depois de muito relutar, resolveu ser um cidadão ativo, fazendo o que estivesse ao seu alcance, e escolhera a comunidade da Ladeira dos Agitos para receber o pouco que podia dar. Há alguns meses vinha exercendo a função de socorrista do infortúnio alheio e houvera descoberto em si mesmo um outro sentido para a própria razão de viver, e agora recebia tão dura notícia.

Que direito tinham esses homens para estabelecer o que podia e o que não podia ser feito?

Assim pensando, seu Antônio agradeceu e, para espanto geral, ao invés de descer a ladeira, subiu.

– Seu Antônio enlouqueceu! – era a expressão contida no rosto da maioria.

– Será que ele vai enfrentar os homens? – pensava o velho Antunes.

Ia, sim. Estava decidido. Iria conversar, desarmado, como um cidadão honesto. Ia fazer o que os "homens" não haviam feito.

Conhecedor dos becos e vielas dirigiu-se ao local onde sabia eles estavam.

Que quadro triste. Barracos pequenos, sujos, em meio de esgoto a céu aberto. Pessoas carregando latas d´água, em enorme sacrifício, crianças descalças e maltrapilhas denunciando a miséria.

Um jovem, olheiro do bando, vigilante das ações alheias, o interpelou:

– Onde o senhor vai?

– Falar com o seu chefe. Diga a ele que é o seu Antônio.

O rapaz o olhou com desprezo.

– Não sai daqui, velho, eu volto logo.

Sumiu por um beco, rápido como avião.

Seu Antônio olhou para os lados e percebeu que estava sozinho. Todo mundo sumira, escondera-se dentro de casa.

– É, sou um alvo perfeito para uma bala perdida – comentou em voz baixa, audível apenas para si mesmo.

Após algum tempo um outro rapaz apareceu e, sem sair da entrada do beco, disse-lhe:

– Cai fora, seu Antônio, esse é o recado.

– Vocês têm medo de mim, por acaso, que nem sequer me recebem para conversar?

– Dobra a língua, velho, vê como fala!

– Tenho nome, Antônio, e não sou velho, porque não tenho rugas nem cabelos brancos. E você, meu jovem, como devo lhe chamar?

O rapaz ficou parado, surpreso talvez com a serenidade, a calma e a coragem que o cidadão Antônio lhe impunha. Como um subalterno que não pode resolver a questão, deu as costas e sumiu beco adentro.

Vários minutos ficaram em branco.

Se uma das partes não fala, a outra fala, pensou, e assim, resoluto, começou a subir a escadaria do beco por onde os dois rapazes tinham sumido, falando em voz alta:

– Não sou polícia, nem coisa nenhuma do gênero, e vocês sabem muito bem disso. Sou apenas um cidadão que presta uma ajuda a esta comunidade, e sem nenhum interesse, a não ser fazer o bem da melhor maneira possível. Como vocês podem ficar incomodados com a distribuição de alguns quilos de comida? Vocês deviam ficar incomodados em ver todos os dias gente passando fome bem ao lado de vocês. Como podem ficar incomodados com alguns remédios e curativos, quando todos os dias têm pessoas morrendo por causa de uma infecção ou falta de dinheiro para comprar o remédio? Como vocês podem ficar incomodados com explicações sobre higiene, quando andam no meio de valas negras, que adoecem as crianças, os seus próprios filhos? É muito simples mandar uma ordem através de outras pessoas e não ter a coragem de vir conversar, e depois tomar a atitude de se esconder atrás de uma arma. Eu quero apenas conversar, como um cidadão comum que quer o melhor para a comunidade da Ladeira dos Agitos. Então, vamos conversar?

Seu Antônio já estava na metade da escadaria quando foi barrado por um grupo armado.

Um dos jovens tomou a frente e disse que iam conversar.

Vendaram os olhos do seu Antônio e entraram em

alguma casa de algum beco. Ele contou oito pessoas ao seu redor.

– Com quem converso? – perguntou.

– Conversa comigo – disse-lhe um homem magro e alto, de óculos escuros.

Sempre calmo, o seu Antônio fez um pedido.

– Estou desarmado e sou de paz, além do que, venho para conversar sobre a comunidade, o que lhes interessa, portanto, peço que se desarmem, colocando as armas junto da parede.

O grupo não era muito de falar, observou, pois levou algum tempo até que o líder, pelo menos aparentava ser, deu a ordem para que tirassem as armas e colocassem no chão, junto da parede.

Ninguém fez comentários, mas os semblantes demonstravam uma certa ironia e uma revolta contida. De qualquer maneira, tinha sido uma vitória, aliás, duas: conversar e desarmar.

– Agora fala, homem – mandou o líder.

Seu Antônio fez uma proposta:

– Sei que muitos de vocês têm filhos, e que apesar dos recursos financeiros não podem sair daqui da comunidade. Eu posso estender meu auxílio aos seus filhos e às suas mulheres, sem interferir com a atividade que vocês exercem. Basta permitirem a instalação de uma creche e um posto comunitário de atendimento médico. Todos saem ganhando. Vocês, suas famílias e toda a comunidade, que, com saúde e alimentação, pode viver melhor.

O homem magro esboçou um sorriso e foi logo colocando empecilhos a essa realização.

– Para isso acontecer, as autoridades vão entrar, e teremos problemas.

– Eu não falei em autoridades – retrucou seu Antônio – estou falando de organizações não governamentais, entidades beneficentes e humanitárias preocupadas com a cidadania, com o bem-estar da população, como venho fazendo nestes últimos meses, sem interferir com a vida e os negócios de vocês.

– Não interfere diretamente, mas atrapalha na medida em que dá recursos às famílias, desviando nossa clientela.

– Eu estou dando o que me pede o coração, o que, aliás, vocês também poderiam estar dando, mas quem sou eu para pedir que vocês entendam e cooperem. Bem, já que não querem melhorar de vida, vou-me embora, como pediram.

Como ninguém esboçava algum gesto, seu Antônio ficou parado, aguardando.

Até ali ele tinha conseguido uma fortaleza de ânimo que nem supunha ter. Não saberia mesmo explicar como não desmaiara de medo e não tremera feito cana verde ao vento, pois nunca em sua vida enfrentara situação tão difícil e com tanta desvantagem, entretanto sustentava-o o valor do trabalho que sabia realizar junto da comunidade, e a memória da dona Clotilde, que havia morrido por sua causa. Ao menos por ela deveria lutar até o fim. E também havia o seu orgulho ferido de baixar a cabeça para ordens que ele não admitia como válidas.

Enquanto pensava e aguardava o desfecho da conversa, sua vida passou pela mente em flashes, como uma revista, para catalogar o bom e o ruim, preparação, talvez, para uma despedida final. Aqueles segundos foram os mais longos e torturantes de sua existência.

O homem magro e alto, sem tirar os óculos escuros, aproximou-se.

– Eu não tenho interesse em colocar a polícia aqui dentro, e já vi filho meu morrer por falta de um hospital mais perto. Se você me der a palavra que vai trabalhar em silêncio e construir o que prometeu, pode fazer.

– Eu posso prometer – arrematou seu Antônio – mas preciso também da sua promessa de colaboração.

– Nós daremos a proteção – finalizou o líder do grupo.

Com um gesto o homem magro e alto deu por encerrada a conversa e seu Antônio foi devolvido, encapuzado, para a Ladeira dos Agitos.

Estava pálido e ao mesmo tempo aliviado.

– Meu Deus – pensava – como pude fazer isso? Que loucura! Mas eu tinha que fazer, afinal sou um cidadão e não posso ficar assistindo a miséria de camarote. Esta comunidade não tem nada, sofre imensamente, e eu ia deixá-la novamente nas mãos dos bandidos? Foi melhor correr o risco.

Assim pensando ele começou a descer, atendendo os que se acercavam para saber alguma coisa. Reservou as informações para o velho Antunes.

– Eles permitiram a construção de uma creche e de um posto de atendimento médico. Você, meu caro Antunes, por já estar aposentado, fica encarregado de ir conversando com todo mundo e escolher uma casa ou área onde se possa começar o trabalho. Eu vou fazer contato com algumas entidades não governamentais para conseguir os recursos.

Admirado, quase sem palavras, o velho Antunes atalhou:

– Nunca vi isso em sessenta anos de Ladeira dos Agitos. E quem vai trabalhar nesses projetos, seu Antônio?

– Ora, a comunidade, as mulheres, as crianças, os aposentados. Vamos ajudar gerando também empregos e formação profissional.

O resto do dia foi uma festa. Não havia outro assunto para as conversas, e logo uma comissão foi criada para estudar todas as possibilidades.

Seu Antônio entrou no carro, após as despedidas, e dirigiu-se para casa. Ele deveria se apresentar no serviço, mas verdade é que não tinha condições emocionais para tanto. Nele havia uma mistura de euforia, felicidade e relaxamento após a intensa emoção de se ver frente a frente com os "homens" que comandavam a comunidade.

Havia descoberto uma ponta de sentimento mais nobre no coração deles, e isso era muito importante, além de ter vencido os próprios receios, que durante anos tiveram a força de detê-lo nessa tarefa de ajudar o próximo, agora tão forte nele.

Parou o carro, relaxou no banco e, num longo suspiro, exclamou:

– Agora sim, sou um cidadão!

Ensina Paulo, apóstolo

Meus filhos, na máxima: fora da caridade não há salvação, estão contidos os destinos do homem sobre a terra e no céu. Sobre a terra, porque à sombra desse estandarte, eles viverão em paz; e no céu, porque aqueles que a tiverem praticado encontrarão graça diante do Senhor. Esta divisa é a flama celeste, a coluna luminosa que guia os homens pelo deserto da vida, para conduzi-los à Terra da Promissão. Ela brilha no céu como auréola santa na fronte dos eleitos, e na terra está gravada no coração daqueles a quem Jesus dirá: "Passai à direita, benditos de meu Pai.

O Evangelho segundo o Espiritismo, **item 10 do capítulo 15, mensagem do espírito Paulo, 32ª edição da Lake.**

Amar ao próximo como a si mesmo e fazer ao outro somente o que se deseja que o outro nos faça, resumem a lei divina e, ao mesmo tempo, os ensinos de Jesus. É o exercício pleno da cidadania.

Qualquer pessoa pode auxiliar seu próximo, pode ser um divisor de águas na sociedade, pode marcar sua vida, e dos outros, positivamente, para todo o sempre.

É só amar, sentir o outro, e agir através da solidariedade, como fez o personagem de nossa história.

Capítulo 6

O ESSENCIAL É INVISÍVEL AOS OLHOS

Lendo O PEQUENO príncipe, do notável poeta literário Antoine de Saint-Exupèry, numa manhã ensolarada em que o canto dos pássaros sensibilizava meu ser, entendi que fazemos muitas coisas. Algumas inúteis, outras essenciais.

Todos os dias viajamos, mas não se trata de um lugar para outro, e sim viagens interiores para o que é inútil e o que é essencial. E fazemos muitas viagens exteriores quando juntamos coisas, queremos ser mais ricos, mandar mais que os outros, melhorar nossa beleza física e assim por diante.

São coisas inúteis. Elas podem nos dar conforto, status e, mesmo assim, nos sentirmos sós, perdidos e confusos.

Precisamos fazer viagens interiores, aquelas que proporcionam um encontro consigo mesmo, que nos levam a sentir a própria essência, a desenvolver virtudes.

São coisas essenciais, que nos completam e nos fazem ver como almas imortais.

Então, recostado à cadeira e estendendo meu olhar pelo infinito azul do céu, refleti:

A única coisa verdadeira que podemos dar às crianças, que sempre esperam algo de nós, é o que somos e não o que temos. Sim, quem e o que somos.

É o que aprendi no diálogo entre o Pequeno Príncipe e a Raposa.

Então, reflita comigo:

Se você só olhar para o exterior da vida e do homem, estará perdendo o essencial da vida e do homem.

Descubra o seu "Eu do Eu" e deixe a criança descobrir o "Eu do Eu" dela. Somos únicos, essa é a verdade.

Veja como o corpo está em constante renovação. Ele não é o essencial.

Perceba como o cérebro é temporal. Somente a mente é eterna.

Essencial é a alma, porque imortal.

Todo ser humano é ao mesmo tempo uma pessoa visível e invisível. O que vemos e o que não vemos. Atitudes e emoções. Comportamentos e pensamentos.

Bem, nesse momento lembrei-me de Jesus, o Mestre Incomparável, que aproveitava os dias para deslumbrar as pessoas com suas lições.

Decerto, sabedor das verdades eternas, e de que o

homem não é o que aparenta, mas sim o que é em seu íntimo, por isso afirmou:
"Meu reino não é deste mundo".

Ainda não, pois estamos enredados com as coisas exteriores, e o amor, o perdão, a humildade e todas as outras virtudes estão ligadas às coisas interiores.

Renova-te, ó homem!

Faça repercutir em ti este brado de alerta e, ao mesmo tempo, bálsamo confortador:

O essencial é invisível aos olhos.

Escreve Allan Kardec

Jesus é para o homem o tipo de perfeição moral a que pode aspirar a humanidade na Terra. Deus no-lo oferece como o mais perfeito modelo e a doutrina que ele ensinou é a mais pura expressão de sua lei, porque ele estava animado do espírito divino e foi o ser mais puro que já apareceu na Terra. Se alguns dos que pretenderam instruir os homens na lei de Deus algumas vezes os desviavam para falsos princípios, foi por se deixarem dominar por sentimentos demasiado terrenos e por terem confundido as leis que regem as condições da vida da alma com as que regem a vida do corpo.

Allan Kardec no comentário à questão 625 de
O Livro dos Espíritos, edição de 1972 da Feesp,
tradução de J. Herculano Pires.

A essência humana é de natureza divina e se chama alma. Tudo o que se refere à existência física é passageiro como o corpo, que é depositado no túmulo e volta ao seio da natureza.

De fato, o essencial é invisível aos olhos, porque o que é invisível é, na verdade, a realidade da vida.

Capítulo 7

VIDA DE UMA ATRIZ

O APARTAMENTO DO décimo segundo andar era tão comum como todos os outros que compunham a engenharia do edifício, mas não era igual porque nele morava a atriz. Todos os moradores sabem que no 1201, lá no fundo do corredor, à esquerda de quem sai do elevador, mora a atriz.

Quando as luzes acendem, vê-se que o prédio é velho, pois as paredes do corredor estão pintadas de um creme que já se confunde com o amarelo do tempo, descascando aqui e ali, com cascões de sujeira das mãos suarentas de seus moradores.

A porta do apartamento da atriz é almofadada e envernizada, e brilha mais que a fraca luz da lâmpada próxima, prejudicada por uma camada de poeira que o zelador teima em não perceber. O interruptor da campainha, colocado do lado esquerdo da porta, mostra, como um cartão de visita, que a atriz gosta de manter tudo limpo, pois também ele reluz diante do feio corredor. A porta se abre, sem ruído, e um carpete ralo em tom verde convida os visitantes a se aconchegarem na sala. Um pequeno corredor, feito hall de entrada, não mais que um metro e meio, com suas paredes brancas ornadas com um quadro de natureza morta sem assinatura, faz a recepção, sem nada de extraordinário. Entra-se pela sala esbarrando numa mesa redonda com tampo de vidro circundada por quatro cadeiras com encosto e assento de palha. Graciosamente dispostas sobre a mesa estão pequenas toalhas de crochê azul claro, e sobre cada uma delas pequenos vasos com plantas. Há plantas por toda a sala. Nos cantos, penduradas nas paredes, na janela, sobre a mesa. Toda a decoração é feita pelas plantas, o restante da sala é ocupado por um sofá de três lugares em estilo sóbrio, robusto e uma pequena estante com televisão e aparelhagem de som. Um ventilador de teto com três luminárias completa a sala do apartamento 1.201 onde mora a atriz.

Tudo está quieto, entretanto a janela aberta, deixando a brisa esvoaçar de leve a cortina, denuncia a presença de alguém em casa.

Um corredor nos leva às outras dependências: cozinha, área de serviço, banheiro e dois quartos. O quarto da atriz também está em silêncio e todo arrumado, com os móveis combinando tons rosas e vermelhos com a cortina e demais objetos de decoração.

No outro quarto há movimento.

Um movimento quase imperceptível, mas ouve-se o sussurro de folhas de papel girando no ar.

O quarto está transformado em biblioteca e escritório. Todas as paredes estão tomadas por estantes de madeira, do chão ao teto, inclusive por sobre a porta e contornando a janela, enfeitada com uma cortina azul escuro em luta contra os raios do sol.

Entre os livros, muitos de capa dura contando a história do tempo, estão fotos emolduradas da carreira da atriz e também de sua família. São lembranças que avivam a memória, singelas recordações de um passado feliz, de trabalho, de afeto. Tudo na biblioteca lembra a gratidão, o estudo, o trabalho.

Estranhamente, a biblioteca difere da decoração do apartamento. Livros e mais livros dentro de estantes envernizadas, robustas, austeras, mas com vida. Os livros estão manuseados, anotados, divididos por assunto. São romances, peças teatrais, contos, de filosofia e história, poéticos. Todos organizados pelas mãos da atriz, visitados pelos olhos da atriz, afagados pelo colo da atriz. Eram sua vida e faziam parte do seu caminho.

O chão da biblioteca possuía um carpete ralo na cor cinza para abafar qualquer ruído estranho que pudesse interromper a concentração.

Quem ali entrasse talvez esquecesse estar no apartamento da atriz, absorvido pelo clima convidativo de estudo de uma biblioteca, absorvendo ideias no silêncio, captando ideais nas letras corridas sobre folhas de papel.

O mundo da atriz divide-se entre o palco e os livros.

No livro ela estuda, no palco ela interpreta.

No livro ela viaja na imaginação, no palco ela transforma os sonhos em realidade.

Na biblioteca ela se concentra, no palco extravasa os sentimentos.

A porta aberta permite um olhar fotográfico e registra a presença da atriz no lugar sagrado de seu mundo particular. Ela está no apartamento.

Seu vestir é simples, caseiro, comum, sem nada revelar a fama. Em sua expressão não se encontra o orgulho de quem é cortejada pelos aplausos, assediada pelos convites.

Uma mesa no centro com máquina de escrever, duas cadeiras e uma poltrona individual compõem o resto do cenário. Respira-se arte, fala-se da arte, trabalha-se a arte. A atriz está debruçada sobre papéis que se espalham sobre a mesa. É mais um texto para interpretar. Ela faz anotações aqui, outra ali, sempre na margem do papel.

A mão da atriz treme e deixa à mostra rugas. Seus longos dedos estão amadurecidos pela idade e a letra já não corre tão nítida sobre o papel. Ela usa óculos para leitura. A pele do seu rosto é branca, disfarçada por leve maquiagem, e o contorno dos olhos é feito por uma fileira de pequenas rugas. As linhas do nariz e da boca dizem que a atriz, quando jovem, foi moça bonita, pois mantém a graciosidade e a delicadeza.

Toca o telefone, escondido junto da poltrona. Ele é preto e pesado, relíquia da década de quarenta, lembrança dos tempos de moça na casa paterna. Ele toca baixinho, sem incomodar. A atriz, levando o texto, se acomoda na poltrona, seu preferido lugar para leitura, e atende.

– Alô!

– Bom dia, minha atriz preferida.

– Bom dia, Gustavo.

Gustavo, cinquentão abonado e gordo como a própria fortuna, era seu empresário, amigo de longa data e amante sincero da arte.

– Tenho boas-novas para você – falou todo satisfeito.

– Já que são boas notícias, pode dizê-las.

– Vamos por partes. Primeiro fui procurado por uma agência de publicidade representando um cliente do ramo alimentício, querendo contratar você para uma série de três anúncios comerciais. O produto é bom, de qualidade, e a oferta que fizeram é irrecusável.

– Procuram ser sempre generosos comigo, quando não mereço tanto – falou a atriz, sem demonstrar maior entusiasmo.

– Que é isso minha grande atriz, sua imagem vale por mil palavras – retrucou Gustavo, na esperança de lhe transmitir entusiasmo.

– Está certo, não vou discutir com você, mas gravar anúncio comercial agora que estou envolvida com a peça teatral do sonho de minha vida, fica um pouco difícil.

– Também pensei nisso, por esse motivo propus uma contrapartida. Além de contratá-la para os anúncios, eles fariam parte do patrocínio da peça teatral e, minha querida dama da arte cênica, eles concordaram.

Percebia-se que do outro lado da linha só faltava a Gustavo soltar fogos de artifício em comemoração de mais um grande negócio que sua habilidade havia conseguido, e ele sabia que precisava entusiasmá-la.

– É, meu caro Gustavo, até hoje me arrependo do dia em que coloquei você como meu empresário.

– Mas isso é velho, já fazem mais de vinte anos – disse Gustavo entre risos.

– Não fosse você meu amigo, e diria que o que lhe está interessando é o dinheiro desse contrato, e não a peça teatral.

– É por isso que você é minha atriz favorita, sabe até o meu texto. Vou mandar o contrato e o roteiro de gravação hoje à tarde, tudo bem?

– E como posso negar?

– Um beijo para você...

– Espera, Gustavo, e a outra boa notícia?

– Então, já não dei? Cachê para fazer anúncios comerciais e patrocinador para a peça. Dois em um, minha querida.

– Adoro você, até outra hora.

Telefone desligado, os pensamentos se desconcentraram do texto teatral e a atriz entrou em monólogo consigo mesma.

– Gustavo, Gustavo... Isso é hora de me fazer entrar num estúdio de gravação? Eu sei, são apenas três comerciais, trinta segundos cada, mas isso prontos, editados, porque dependo do diretor, do roteiro, e as gravações podem levar horas ou dias. Espero que tenham criado algo simples, facilitando o trabalho. Mas também, me queixar agora? Já aceitei fazer, não posso reclamar. Também, não podia deixar de lado um patrocinador.

Nesse momento seu olhar encontrou uma foto exposta na estante à sua frente e, chamada pela recordação, levantou, largando a caneta no braço da poltrona. Era uma foto em preto e branco, de velhos dias do teatro.

– Lembro bem desta peça... Ela foi muito importante pelo sucesso de público e crítica. Já faz mais de trinta anos e na época foi difícil arrumar patrocinadores. Eu ainda era uma atriz menor, e o Paulo também, embora bem considerada pela crítica. Foi mesmo uma aventura. Um texto difícil, sério, de crítica social ... É, só mesmo meu pai, apaixonado por mim e pelo teatro, para bancar a produção. Coitado, investiu tudo o que tinha, fora o que todos nós do elenco colocamos do próprio bolso. Mas, valeu a pena, projetou todo mundo, deu lucro. Velhos tempos, quando as coisas eram artesanais e a cultura não tinha apoio nem do governo, nem dos empresários.

Ela guardou o velho retrato e procurou a foto de seu pai, que estava junto das obras teatrais de Shakespeare, como ele costumava fazer com a foto da família, pois suas duas paixões, seus dois amores, como ele dizia, eram a família e o teatro do dramaturgo inglês. O pai da atriz usava bigode fino preto, estava de terno claro e cabelos, já esbranquiçados, penteados para trás. Seu busto revelava um homem magro, aparentando uns sessenta anos. A atriz deixou uma lágrima escorrer.

– Meu pai, meu pai... Como os dias de hoje são tão diferentes da sua época. Hoje, o profissionalismo tomou conta da cena teatral e os empresários e produtores estão preocupados com o retorno financeiro, ou então tudo é experimentação e não se sabe, afinal, o que está sendo encenado. Claro, existem bons textos e boas produções, mas viver do teatro, como fazíamos, é muito difícil, pois a televisão e o cinema dominam espaços enormes, e temos que trabalhar neles para sobreviver. Um rostinho bonito parece ser sinônimo de atriz e até eu, que sou considerada "dama da arte nacional", como diz o Gustavo, sou forçada a fazer anúncios comerciais para garantir patrocínio. Também, a velhice chegou e meu rosto não é mais bonitinho, nem minhas pernas...

A atriz parou para recompor os pensamentos, recolheu o material de estudo e voltou a se concentrar no texto teatral, usando a mesa que a acompanhava desde a infância, a mesma que ficava na sala de jantar, sempre ornamentada pelas mãos carinhosas de sua mãe.

O quarto de estudo era um refúgio de saudade. Parte das estantes vieram de seu pai, e a poltrona... bem, a poltrona...

– A poltrona é um presente do Paulo – diz a atriz, de repente, colocando o nome do ator no personagem principal.

– Ele me deu como lembrança daquela peça que fez sucesso, e porque eu me queixava que estudar era ruim, cansativo, com aquelas cadeiras duras. Mais de trinta anos e não voltamos a contracenar juntos. Fizemos pequenos trabalhos no cinema e na televisão, mas os palcos não mais nos aproximaram. Eu não vou mentir, dizendo que não me apaixonei por ele, e que talvez ainda esteja apaixonada, mas ele firmou apenas uma bela amizade, até hoje, e seguimos outros caminhos na arte teatral. Ele é também considerado um ótimo ator, e quando olho para essa poltrona relembro nossa juventude e como foram felizes aqueles dias.

A atriz sacudiu as lembranças da mente e mergulhou no texto, pois aproximava-se o dia em que ela iria satisfazer um grande desejo da sua vida, iria fazer o papel que sempre quisera, mas as circunstâncias haviam adiado. Ela estava feliz como naqueles outros dias do passado, porque era reconhecida pela crítica e pelo público, e podia realizar o sonho teatral, como sempre imaginara. Foi nessa felicidade que não mais encontrou os papéis, e a mesa, de envernizada tornou-se branca. Sentado à sua frente, como se houvesse saído do retrato, estava seu pai, seu amigo confidente, a sorrir.

– O que houve, meu pai? – perguntou a atriz, surpresa.

– Preparamos para você um teatro especial, e o público lota as dependências, aguardando o início do espetáculo.

– Mas, já? Ainda não me sinto preparada.

– Não se preocupe, como fazíamos, estarei na coxia sendo seu apoio.

Essa lembrança a apaziguou e, mãos dadas a seu pai, atravessou o corredor do camarim ao palco sob a emoção de receber os aplausos dos próprios colegas. Antes de entrar em cena, sentiu-se estranha, mas uma força maior a convidava para representar, emocionada e sentimental como nunca, e assim ela dignificou mais uma vez a arte como sendo a representação profunda do viver humano.

Sobre a mesa, entre os papéis, ficou inerte o corpo da atriz.

O telefone tocou, mas não havia ninguém para atender.

LEMOS EM *O LIVRO DOS ESPÍRITOS*

O homem tem outro destino que não o dos animais. Para ele, há outra coisa além das necessidades físicas: há a necessidade de progresso. Os liames sociais são necessários ao progresso e os laços de família resumem os liames sociais: eis porque eles constituem uma lei natural. Deus quis que os homens, assim, aprendessem a amar-se como irmãos.

Resposta dos espíritos superiores à questão 774 proposta por Allan Kardec em *O Livro dos Espíritos*, edição 1972 da Feesp, tradução e notas de José Herculano Pires.

Que seria da atriz sem o pai? Que seria da arte sem a atriz? Que seria do bem sem o belo, e que seria do belo sem o bem?

A sociedade humana existe porque formamos as células chamadas família. A arte existe para exaltar o bem e o belo.

Arte e família só dignificam o bem, o belo e a sociedade se aprendermos a nos amar.

Capítulo 8

AJUDAR FAZ BEM À ALMA

Pesquisas realizadas por cientistas demonstram que as pessoas que se associam ao voluntariado, ou seja, realizam trabalhos voluntários de auxílio ao próximo, têm consideráveis melhoras e até desaparecimento de problemas como insônia, úlceras, dores de cabeça e nas costas, depressão, gripes e resfriados. Pesquisas conduzidas pelas universidades de Michigan e Cornell, nos Estados Unidos, sugerem que indivíduos que vêm dedicando um longo período ao voluntariado vivem mais do que aqueles que não participam de nenhuma ação voltada a ajudar outras pessoas. A explicação para tal longevidade seria a melhoria geral da qualidade de vida, fruto da interação social que o comprometimento regular com atividades sociais propicia.

Pesquisadores também constataram, ao acompanhar voluntárias do sexo feminino, durante 30 anos, que elas têm uma capacidade maior de manter suas habilidades e aptidões físicas e mentais, natas ou desenvolvidas, ao longo da vida. O altruísmo faz com que a pessoa se sinta realizada, traz bem-estar. Além disso, trata-se de algo que está fazendo por iniciativa própria, não por obrigação, e por isso é prazeroso.

BENEFÍCIOS EM SER UM VOLUNTÁRIO

Segundo especialistas no assunto, o trabalho voluntário traz para a pessoa quatro benefícios básicos:

1. Ao ser voluntário, há a oportunidade de se fazer amigos, viver novas experiências, sem falar na possibilidade de conhecer outras realidades.

2. O trabalho voluntário é uma via de mão dupla: ao doar sua energia e criatividade, quem é solidário enriquece sua formação, aprende informações novas e, ainda, vivencia a satisfação de ser útil.

3. O voluntariado é uma ferramenta de inclusão social – todos têm o direito de ser voluntário.

4. O voluntário aprende por si mesmo a buscar o seu próprio caminho e se sentir realizado com a escolha.

VISÃO ESPÍRITA DO VOLUNTARIADO

Para o espiritismo o voluntariado é uma forma de colocar em prática a caridade, conforme a entende Jesus, e discriminada pelos espíritos superiores na questão 886 de *O Livro dos Espíritos*:

> Benevolência para com todos, indulgência para com as imperfeições alheias, perdão das ofensas.

Kardec faz um comentário a essa resposta dos espíritos, merecedor de nossa atenção:

> O amor e a caridade são o complemento da lei de justiça, porque amar ao próximo é fazer-lhe todo o bem possível, que desejaríamos que nos fosse feito. Tal é o sentido das palavras de Jesus: "Amai-vos uns aos outros, como irmãos."
>
> A caridade, segundo Jesus, não se restringe à esmola, mas abrange todas as relações com os nossos semelhantes, quer se trate de nossos inferiores, iguais ou superiores. Ela nos manda ser indulgentes porque temos necessidade de indulgência, e nos proíbe humilhar o infortunado, ao contrário do que comumente se pratica. Se um rico nos procura, atendemo-lo com excesso de consideração e atenção, mas se é um pobre, parece que não nos devemos incomodar com ele. Quanto mais, entretanto, sua posição é lastimável, mais devemos temer aumentar-lhe a desgraça pela humilhação. O homem verdadeiramente bom procura elevar o inferior aos seus próprios olhos, diminuindo a distância entre ambos.

Como vemos, exercer o trabalho voluntário é vivenciar os ensinos de Jesus, mas sem discriminar aquele que necessita de auxílio, compreendendo que todos somos irmãos, filhos de Deus.

No centro espírita todos somos voluntários, e as tarefas devem ser desempenhadas com amor, com sentimento, com fraternidade, seja na recepção, na livraria, na cantina, no atendimento fraterno, no passe, na palestra pública, no estudo da doutrina, na evangelização da criança e do jovem, na mediunidade e, também, nas atividades de assistência e promoção social.

Lembremos que Deus leva em conta nossa intenção, e prestar a caridade voluntariamente não é uma barganha com a lei divina, esperando receber dividendos após a morte. Solidariedade e fraternidade devem ser espontâneas, em qualquer circunstância, e sem esperar recompensas.

Se, como vimos, o voluntariado faz bem para a saúde física e mental, devemos reconhecer que igualmente faz bem à alma, porque nos torna úteis, nos dá aquela satisfação íntima de promover o bem, nos sensibiliza quanto à preocupação com o bem-estar do outro e fortalece os laços de solidariedade humana.

Façamos o bem, ocupando-nos utilmente, pois todo bem realizado de coração é levado em conta por Deus, tanto aqui na Terra, como depois, no mundo espiritual, para onde retornaremos após o decesso do corpo físico.

Capítulo 9

FELICIDADE E DOR

Que país é este?
 Era essa minha indagação diante de um povo desconhecido para mim, com uma cultura totalmente diferenciada, com hábitos que pareciam distantes da civilização tecnológica do homem moderno.
 Minhas primeiras impressões não foram as melhores, causando-me um sentimento de repulsa e ao mesmo tempo piedade, de tanta miséria que via pelas ruas, mesclada com a ignorância da falta do saber. Conviviam lado a lado a sociedade ocidentalizada e o primitivismo supersticioso e místico. A primeira pertencia à minoria dominante da administração e da política, a segunda era comum ao povo em geral.
 Eu não podia entender como uma nação pode exis-

tir assim, tão dividida em seu padrão de vida, mas logo compreendi quando, do aeroporto ao hotel, verifiquei a predominância, nas ruas, dos soldados armados. A desigualdade era mantida à força. Era a violência coibindo a liberdade, mantendo as desigualdades para favorecer, como sempre, os que estão no poder, num regime de opulência à revelia da lei. Mas, eu não estava ali para discutir o sistema político vigente. Minha viagem àquele país se prendia a um único fator: ajudar.

Nas primeiras horas senti-me desconfortável, visado por todos os olhares, destacado ponto branco em meio a uma folha de papel preta, mas não podia deixar que qualquer interferência racista fosse de minha parte ou da parte deles, prejudicasse o trabalho a ser executado. Entretanto, diante da dor que não escolhe vítima, quem há de se lembrar do racismo, da diferença da cor da pele, preconceituosamente separando os homens? Diante da dor, do sofrimento, todos somos iguais, e a ajuda humanitária derruba as diferenças, muitas delas apenas culturais, sem nenhuma base na razão e no bom-senso.

No hospital para onde estava designado encontrei uma enfermeira que iria mudar meu modo de ser, minha visão sobre a vida e sobre o próprio povo a quem eu prestava meu concurso médico. Acostumado com instrumentação a mais avançada, conhecimentos científicos profundos e recursos laboratoriais, deparei-me naquele hospital rudimentar com uma mulher de fibra interior feita de aço, mas um aço leve, maravilhoso, porque ao mesmo tempo forte e macio, competente e sem frieza, por se tratar de aço nobre, no caráter e no sen-

ALÉM DAS APARÊNCIAS – HISTÓRIAS E REFLEXÕES PARA ENTENDER A VIDA | 79

timento. Pode parecer estranha esta comparação, mas é verdadeira.

Ao sermos apresentados, ela me saudou à moda tribal da sua origem, com gestos esculturais lançados no ar, e estampou na face um grande sorriso, deixando à mostra lindos dentes brancos, mais alvos que minha pele de europeu agasalhado pelo aquecimento central de um prédio. Começava aí uma amizade que iria se estender por dois meses, período em que minha atuação no hospital se faria presente, até a volta à terra natal. O que aquela mulher enfermeira possuía de tão especial? Fui descobrindo ao longo dos dias, no trato com os pacientes e na colaboração com os médicos e familiares das pessoas internadas.

Quando me senti suficientemente integrado, alguns dias depois, e aproveitando uma folga no serviço de atendimento aos vitimados por doenças endêmicas da região e acidentados diversos, aproveitei para conversar com ela, sobre vários assuntos, sentados num banco improvisado, debaixo de árvores fronteiriças ao prédio hospitalar.

– Como você se sente fazendo parte desse povo tão sofrido? Você tem esperança num futuro melhor?

Ela manteve seus olhos nos meus e respondeu:

– Meus pais lutaram contra a miséria para sustentar seus filhos e assim também fizeram meus avós. Por que eu e meu marido não faríamos o mesmo? Quando deixarmos a esperança sair pela porta aberta do coração, então será a nossa desgraça derradeira, porque então não teremos mais sentido para a vida. Enquanto o sol aparecer lá no horizonte dizendo-nos que é um novo dia, saberemos que é um novo tempo na nossa luta pela sobrevivência, renovando a esperança de tudo ser melhor. Sabia perfeitamente de seu pouco estudo, o que me fazia admirar essa sabedoria, conquistada, possivelmente, pela experiência do viver. Querendo sentir até onde alcançava seu pensamento, comecei a adentrar em assuntos mais práticos.

– Aqui em seu país os costumes são mesmo ancestrais, e nós, os estrangeiros, temos tecnologia e hábitos diferentes. Diante de mim, por exemplo, você não sente um choque cultural? Como você faz para absorver o pensamento e os costumes modernos, sem ferir as tradições de seu povo?

– Doutor, na vida aprendemos a necessidade de adaptação às circunstâncias sem perder as próprias raízes. Temos consciência do quanto precisamos da ajuda de países estrangeiros, e ao mesmo tempo temos muito que ensinar a vocês, ou o doutor vai me dizer que nada assimilou de nossa cultura e nosso modo de viver?

Senti que era preciso falar a verdade. Falar da minha dificuldade em interagir com uma cultura tão diferente e, acima disso, embora o trabalho médico levando-me a todos atender, minha dificuldade de lidar com o preconceito, com o racismo que ainda me picava como teimosa agulha. Ela ouviu, serena, mantendo um leve sorriso.

– E mesmo assim está aqui, não foi embora – observou.

– Não poderia, sou médico, estou aqui como voluntário, escolhi este serviço por uma causa humanitária – respondi.

– Mas, poderia ter desistido, não é mesmo?

– Sim, é verdade.

Meu silêncio a obrigou a fazer a pergunta final.

– E, por que não desistiu?

Como responder? O dever médico, talvez o sentimento humanitário, ou o compromisso com a consciência? Uma mescla de tudo isso e mais alguma coisa? Ou teria sido a enigmática força daquele sorriso responsável por manter meus pés naquela terra?

– Não sei, parece-me que as causas não estão muito claras para mim mesmo, mas sinto agora um desejo grande de conhecer melhor este povo e, mais particularmente, conhecer um pouco de você, que me parece possuir algo mais no coração.

Ela olhava-me, serena e um tanto quanto séria, parecendo penetrar, através dos meus olhos, minha consciência.

– Venha, doutor, preciso lhe mostrar uma cena que o senhor ainda não conhece.

Levantamos e fomos contornando o hospital até atingirmos os fundos. Observei que o ambiente nem parecia pertencer ao hospital. Era um terreno com pequenos casebres, galinhas soltas e algumas crianças esquálidas e barrigudas, com sintomas de desnutrição e vermes, misturadas ao lixo e esgoto em valas negras.

– O senhor considera-se preparado para entrar num desses barracos? – perguntou-me.

– E o que vamos encontrar?

– A realidade, doutor, somente a realidade da nossa vida.

Imediatamente procurei imaginar o que me aguardava. Era a primeira vez que me afastara do conforto de um hospital moderno, mas sempre assistira pelos meios de comunicação reportagens sobre a miséria e as doenças em países pouco desenvolvidos, e as cenas passaram em minha mente como um filme.

– Sim – respondi – estou pronto.

E fomos caminhando, adentrando um barraco e vi um homem semimorto sobre um catre imundo, malcheiroso. Seus olhos eram a expressão da não vida. O que era aquilo? Por que não estava no hospital, sob tratamento? E aquelas condições higiênicas deploráveis, como explicar?

Ela sentiu toda minha angústia e indignação, e antes que a interrogasse, explicou-me:

– Este homem, como vários outros, e também mulheres e crianças, são considerados párias de nossa sociedade, indigentes atacados por moléstias diversas, quase todas levando-os à morte, e não podem estar nas dependências hospitalares por sua condição social. São mantidos aqui, recebendo uma vez por dia o nosso auxílio, por caridade, já que a direção do hospital não pode fazer mais por eles, sob pena de punições administrativas superiores.

– Mas isso é revoltante, é contra todos os direitos humanos. Então, como médico, tenho que assistir a morte, dolorosa e lentamente, levá-los ao túmulo?

– O senhor, talvez não.

– Como assim?

Ela, depois de passar os olhos pelo ambiente, expressivamente me disse:

– O senhor veio até nós por humanidade. O doutor solicitou este trabalho. É de outra cultura e traz novos conhecimentos. Não é dos nossos, portanto, não está contaminado pelos costumes sociais primitivos que ainda prevalecem em nosso país. Eu nada posso fazer, mas se o doutor quiser fazer, então eu também poderei ajudar.

Que mulher extraordinária, pensei. Realmente, ela tem algo mais no coração.

Saímos dali, voltando aos afazeres no hospital, e naquele dia ela não mais conversou comigo voltando a colocar um sorriso nos lábios, todas as vezes que nos encontrávamos.

Não dormi naquela noite. As cenas assistidas e as palavras da enfermeira mantinham-me acordado, mas, pensava, quem era eu para assumir tamanha responsabilidade? Findo o estágio de dois meses, melhor era voltar para o meu país, o meu lar. Definitivamente, não tinha vocação para herói. Em meio a esses pensamentos, cochilei e, ouvindo o galo cantar, acordei.

No hospital encontrei a emergência em ebulição, em face de um acidente acontecido em estrada próxima. O atendimento aos feridos fez com que o relógio andasse mais depressa e, quando dei conta do mesmo, era preciso parar para um lanche. Foi durante esse pequeno intervalo meu reencontro com a enfermeira. Eu estava preenchendo um formulário quando ela se aproximou.

– O que o doutor está fazendo?

– Preenchendo uma requisição.

Ela deu a volta na mesa e, por sobre meus ombros, leu minha requisição. Senti sua mão sobre meu ombro direito me apertar de leve, como um afago. Olhei para cima e seu sorriso estava misturado com uma lágrima.

Caminhou para outra mesa, sentou e ficou me olhando, com aquele sorriso, o mesmo que me cativara e me convidara a desvendar os mistérios dos homens daquela terra, desbravando corações e hábitos milenares.

Eu sou médico e estou numa missão humanitária. São esses os motivos que me fazem solicitar mais dois anos de estágio.

Esclarece Kardec

Caridade e humildade, esta é a única via de salvação; egoísmo e orgulho, essa é a via da perdição. Esse princípio é formulado em termos precisos nestas palavras de Jesus: "Amarás a Deus de toda a tua alma, e ao teu próximo como a ti mesmo; estes dois mandamentos contêm toda lei e os profetas" (...) significando que não se pode verdadeiramente amar a Deus sem amar ao próximo, nem amar ao próximo sem amar a Deus, porque tudo quanto se faz contra o próximo é contra Deus que se faz. Não se podendo amar a Deus sem praticar a caridade para com o próximo, todos os deveres do homem se encontram resumidos nesta máxima: fora da caridade não há salvação.

Item 5 do cap. 15 de *O Evangelho segundo o Espiritismo*, 32ª edição, Lake, tradução e notas de J. Herculano Pires.

Muitas vezes somos insensíveis aos chamados da dor e do sofrimento que visitam nossos irmãos em humanidade, transferindo o auxílio para responsabilidade da autoridade pública, esquecidos que também, um dia, podemos receber a visita desses dois companheiros.

Combater as injustiças sociais, os preconceitos, as crendices, a miséria e a violência são deveres de humanidade que competem a cada ser humano, pois a sociedade é o conjunto dos homens, irmãos em Deus.

Capítulo 10

AUTODESCOBRIMENTO

REALIZAR O AUTODESCOBRIMENTO é essencial para promover a autoeducação e caminhar com equilíbrio para a felicidade, e isso está intimamente ligado à visão que temos do ser, ou seja, o que somos. Se nos consideramos apenas um aglomerado molecular biológico, tendo a morte como fim de tudo, o autodescobrimento fica comprometido por limitações intransponíveis do ponto de vista filosófico e científico, pois não teremos resposta satisfatória para muitas indagações existenciais: por que nascem pessoas com deficiências? De onde viemos? O pensamento é uma secreção neuronal do cérebro ou é produto da mente? E onde fica a mente? Existe vida depois da morte? E tantas outras indagações que a visão materialista da vida não consegue responder. Daí, então, a importância da visão espiritual da existência física, pois essa visão é a que dá sentido e significado à vida. Hoje já se sabe que a energia é fator causal da construção do indivíduo, pois a chamada matéria bruta na verdade não existe, pois tudo é vibração no universo que, em maior ou menor grau, e de acordo com combinações, gera tudo o que conhecemos, e o que ainda nos é desconhecido. E que a energia sofre influência de nossas decisões, de nossos pensamentos e de nossa atuação na vida. É assim que compreendemos que somos herdeiros de nós mesmos, tanto no passar do tempo da existência física, quanto nas ligações com existências passadas.

E por que é importante realizar o autodescobrimento? Temos duas respostas para essa questão. A primeira é que o autodescobrimento propicia a recuperação quando estamos em estado de desarmonia. A segunda resposta é que ela propicia o crescimento quando já somos portadores de valores morais. Estando a pessoa em estado negativo ou positivo, o autodescobrimento sempre trará resultado benéfico com sua aplicação.

O autodescobrimento permite ao indivíduo identificar seus limites e dependências, quais são suas aspirações verdadeiras e falsas. Permite ainda que detecte os enganos do ego e as imposturas da ilusão. Por esses motivos o filósofo Sócrates, reafirmando a escrita encontrada no portal de Delfos, proclamava a necessidade do "Conhece-te a ti mesmo".

Conhecer-se a si mesmo é conseguir identidade com seu "eu", ou seja, com sua realidade transcendente de alma imortal, de espírito independente e sobrevivente

ALÉM DAS APARÊNCIAS – HISTÓRIAS E REFLEXÕES PARA ENTENDER A VIDA | 89

ao corpo físico. É dar-se conta do seu potencial divino e colocá-lo a serviço da sua evolução até o estado de perfeição. O espiritismo nos propicia esse encontro, quando então conseguimos responder de onde viemos, quem somos, o que estamos fazendo aqui e para onde vamos. Segundo a benfeitora espiritual Joanna de Ângelis, no livro *Autodescobrimento: uma busca interior*, psicografado pelo médium Divaldo Pereira Franco, existem cinco requisitos básicos para se conseguir o autodescobrimento:

1. Insatisfação pelo que se é, ou se possui, ou como se encontra.
2. Desejo sincero de mudança.
3. Persistência no tentame.
4. Disposição para aceitar-se e vencer-se.
5. Capacidade para crescer emocionalmente.

Acionando esses cinco itens, com persistência, ao longo de nossa existência terrena muitos ganhos teremos no campo dos valores morais que norteiam nossa vida, e na utilização da inteligência para o que é útil, para nós e para os outros.

Como sabemos que o exemplo é a maior força educacional, conscientizemo-nos que só podemos ofertar aos outros aquilo que somos, e não aquilo que temos.

Capítulo 11

DA EDUCAÇÃO DOS FILHOS

Acomodados à sombra de uma árvore, pai e filho conversavam.

– Então, pai, está feliz com a notícia da chegada de seu neto?

– Sim, e chamei-te aqui para conversar contigo sobre a sagrada missão dos pais na educação dos filhos, pois é dever dos pais aconchegar a alma de seus filhos no seio de Deus. Sim, porque Deus, filho meu, é nosso Pai e Criador, e agora que me encantas com a notícia da futura vinda de meu neto, tenho por obrigação de pai e avô tecer orientações que visam o melhor futuro para ti e para ele.

– Bem, meu pai, suas ponderações sempre foram judiciosas, por isso ouvirei com prazer.

– Tu o sabes, desde a infância, por sagrada orientação de meus pais, sigo princípios de retidão de caráter, conforme ensinos do nosso mestre Jesus, o incomparável Messias que irradia luz a toda humanidade, acreditando firmemente na alma imortal, peregrina de tantas viagens existenciais para alcançar, mais dia menos dia, a perfeição. E como tenho a agradecer a meus genitores, teus saudosos avós, por bem me aconselharem e pelos esforços realizados em exemplificar o que ensinavam!

– É verdade. Também eu tenho muito a agradecer a meus avós. Ainda lembro com carinho as horas que passamos juntos, seus ensinos e exemplos.

Estampando um sorriso em sua face, o pai continuou:

– Encaminha teu filho, meu neto, para o sentir e compreender a Divindade, Sua presença onipotente nas coisas da natureza. Ele, Criador de tudo o que existe, é, acima de tudo, Pai amoroso e justo que vela por Seus filhos em todo o universo.

– Sim, meu pai, farei isso.

– E não deixe, filho querido, de mostrar a essa alma imortal que renasce na vida corpórea, qual frágil barco que aporta a abrigo amistoso, que a vida humana é sagrado repositório da presença divina.

– Assim como o senhor me ensinou e me fez ser um homem bom e feliz.

– Lembre-se que mesmo a dor, ainda, e, acima de tudo, o amor, sempre é Deus a nos impulsionar para a perfeição, motivo pelo qual teu filho deve compreender que a injustiça não é obra divina, mas fruto da ignorância do homem que se compraz no egoísmo, no orgulho e na indiferença, tristes chagas que teimam em manchar a marcha progressiva humana.

– É verdade, meu pai, não posso impedir que meu filho conheça a realidade divina e a realidade humana, para que ele possa ser justo e honesto.

Percebendo no filho a escuta atenta às suas palavras, e como se absorvesse inspiração profunda, asseverou o pai:

– E antes que me indagues, porque até o momento só falei de Deus, digo-te que é mais importante despertar na alma infantil o sentimento de religiosidade do que revelar os princípios desta ou daquela doutrina religiosa. Religiosidade que significa ato de fé na transcendência, na onipotência de um Ser justo e misericordioso; religiosidade que significa ato de fé em si mesmo e nas potências latentes depositadas pelo Criador na criatura; religiosidade que significa ato de fé no poder do amor, sentimento que nos liga afetivamente a todos os seres e a tudo o que existe na Terra e no cosmos.

O filho não respondeu. Parecia absorto em pensamentos, como se vislumbrasse na mente cenas futuras da vida. E seu pai continuou:

– Meu filho, eis a história humana, manchada pela hipocrisia, pela retórica, pelo preconceito, pelas ideias fechadas de muitas religiões, verdadeiros sepulcros caiados de branco, mas cheios de podridão. Não queremos a nova geração repetindo o erro do dogmatismo, do fanatismo, da salvação exclusiva, e isso depende da educação que dermos a essas almas. Educa teu filho com a responsabilidade de quem recebeu sagrado depósito de Deus, que confia em ti, e mostra-lhe que o amai-vos uns aos outros é a senha para a paz de consciência e a felicidade entre os homens, pois Deus ama a Seus filhos de igual modo, e a melhor religião é aquela que faz Seus adeptos felizes no seio do mundo, sem separatismos de qualquer espécie, e levando-os a viver em plenitude e para a infinitude.

Encantado com as sábias palavras que a experiência de seu pai derramavam, como mel que adoça o leite, o filho emudecia de emoção. Respeitando o silêncio natural que se fizera, somente depois de algum tempo, o pai retomou a palavra.

– Por tudo isso, meu filho, dirijo-me ao teu coração. Digo-te que mais vale um sentimento virtuoso do que mil genuflexões. Ensina isso a teu filho, como meus pais me ensinaram e eu te ensinei. Se os pais se preocupassem com a honesta e virtuosa formação religiosa dos filhos, sem dogmas e preconceitos, sem hipocrisias e mentiras, seríamos muito mais felizes no mundo, e a paz e a justiça reinariam em nossa convivência.

– Eu tudo farei, meu pai, para que seu neto seja um homem virtuoso.

– Saiba que ditosos são os pais e as mães que revelam aos pequeninos todas essas coisas, porque receberão cem por um pelas sementes plantadas, pois Deus, justo e bondoso, se alegrará com a nossa alegria.

E, como a indicar que as lições estavam colocadas, o pai mudou o tom de voz, e formulou suas últimas palavras.

– Rejubila-te, meu filho. Alegra-te pela missão a desempenhar, o despertamento religioso de meu neto. Crede que Deus nunca o desamparará nessa tarefa. Lembra-te do salmista que grafou em luz estas eternas e profundas palavras: "O Senhor é meu pastor, Ele não me faltará".

Pai e filho se abraçaram ternamente e caminharam para outras tarefas.

Que todos os pais meditem neste diálogo. Que sejam palavras de bom proveito, e que a nova geração seja de homem de bem, fiel representante de Deus no seio da Terra, como o foi aquele que dividiu o tempo histórico da humanidade, pois antes dele eram trevas, depois dele se fez a luz incomparável e imorredoura do amor: Jesus Cristo.

Encontramos em
O Livro dos Espíritos

Há um elemento que não se ponderou bastante e sem o qual a ciência econômica não passa de teoria: a educação. Não a educação intelectual, mas a moral, e nem ainda a educação moral pelos livros, mas a que consiste na arte de formar os caracteres, aquela que cria os hábitos, porque educação é o conjunto de hábitos adquiridos.

Comentário de Allan Kardec à resposta dos espíritos na questão 685a de *O Livro dos Espíritos*, edição Feesp, 1972, tradução de J. Herculano Pires.

E a quem melhor ensinar senão às crianças, espíritos reencarnados necessitados de orientação, correção de más tendências e apoio às virtudes já em desenvolvimento? Esse trabalho é de responsabilidade prioritária da família.

Se pais e responsáveis entendessem a sagrada missão da educação moral dos filhos, missão essa outorgada por Deus, o mundo estaria bem melhor, talvez mesmo fosse já morada celestial.

Ouçamos o apelo do pai ao filho. Abramos o coração para suas palavras, e façamos o que nos cumpre na educação de filhos e netos.

Capítulo 12

COMPAIXÃO

NA FAMOSA PARÁBOLA do bom samaritano, registrada pelo evangelista Lucas no capítulo 10, versículos 25 a 37 de seu Evangelho, o mestre Jesus, ao citar a ação do samaritano, faz um destaque muito importante:

> (...) Mas um samaritano, que ia a seu caminho, chegou perto dele, e quando o viu, foi tocado de compaixão por ele: (...).

Antes de acudir o viajante que havia sido assaltado e estava ferido à beira da estrada, o samaritano foi tocado pela compaixão. Que, segundo as definições dos dicionários, significa "sentimento de simpatia e identificação com quem sofre ou tem dificuldade". A compaixão é igualmente identificada com a piedade. Portanto, é preciso ter uma espécie de identificação com o problema que o outro está enfrentando; é preciso sentir a angústia e a dor que invadem o próximo, o que então nos predispõe para o auxílio, para o ato da caridade a benefício do sofredor. Foi o que aconteceu com o bom samaritano.

O benfeitor espiritual Emmanuel nos oferta belíssima página sobre o tema, psicografada pelo médium Chico Xavier, e que se encontra no livro *Ceifa de luz*, da qual retiramos para nosso estudo o seguinte trecho:

> Se quisermos que a piedade nos ilumine, é imperioso exercitar a compreensão. E compreensão não vem a nós sem que façamos esforço para isso.

Temos aqui duas advertências. Primeiro, que diante de toda dor, de todo sofrimento, de toda miséria, de toda injustiça, enfim, precisamos compreender que nada acontece por acaso, que há uma lei divina tudo regendo, e que somos irmãos, portanto, compreender antes que julgar. Segundo, que a compreensão não cai dos céus, ela é desenvolvida pela própria pessoa, espírito imortal a caminho da evolução, portanto, requer esforço íntimo para sua aquisição ao inalienável patrimônio psíquico. Conquista-se a compreensão através de exercícios constantes na convivência.

Ao final de seu texto, Emmanuel enfatiza:

> Compaixão é a porta que se nos abre no sentimento para a luz do verdadeiro amor, entretanto, notemos: ninguém adquire a piedade sem construí-la.

Ele volta a lembrar da necessidade de adquirirmos a compaixão, ou piedade, com o próprio esforço, acenando que essa conquista, através de paciente trabalho íntimo, é que nos faz descortinar e sentir o verdadeiro amor ao próximo, é a porta, na sua expressão, que abre o sentir, ou seja, o sentimento, tirando-nos do egoísmo e da indiferença.

Também a benfeitora espiritual Joanna de Ângelis nos brinda com belo texto sobre a compaixão, encontrado no livro *Responsabilidade*, psicografia do médium Divaldo Franco. Ela nos informa que:

> (A compaixão) é o primeiro passo para a vigência ativa das virtudes morais, abrindo espaços para a paz e o bem-estar pessoal.

Decerto o bom samaritano sentiu paz e bem-estar ao realizar todos os esforços para socorrer aquele irmão vitimado por um infortúnio, dando de si tudo o que podia, preocupando-se, de coração, com o viajante anônimo necessitado de auxílio. Quem age de coração, não mede esforços, nem cogita de recompensas, apenas realiza a caridade como um dever de solidariedade.

Ainda a benfeitora espiritual nos alerta:

> Desenvolve esse sentimento de compaixão para com o teu próximo, o mundo, e, compadecendo-te das suas limitações e deficiências, cresce em ação no rumo do Grande Poder.

É preciso nos ligarmos a Deus, nosso Pai e Criador, que nos criou iguais, simples e ignorantes e com o mesmo potencial. A caminhada evolutiva é feita por cada um, utilizando o livre-arbítrio, e, se somos frágeis, cheios de limitações e deficiências, sendo necessitados do auxílio divino e de nossos irmãos que estão na mesma caminhada, os outros também possuem essa mesma necessidade, assim, com essa compreensão, seremos capazes de, mais e mais, exercitarmos a compaixão.

Por fim, convidamos o leitor amigo a conhecer a saborosa, instrutiva e meditativa história narrada pelo espírito Irmão X, com o título "O ferreiro intransigente", e que se encontra no livro *Contos desta e doutra vida*, na psicografia de Chico Xavier. É um conto que faz pensar, e do qual transcrevemos as palavras finais, como um convite à compaixão:

> Somente a compaixão pode salvar-nos, soerguendo-nos do abismo de nossas próprias faltas. (...) Os laços que armarmos contra o próximo serão inevitável flagelo para nós mesmos.

Capítulo 13

O QUE FALTAVA AO SEU CORAÇÃO

Sempre considerei inconcebível bater numa criança. Nunca havia apanhado de minha mãe ou de meu pai, e revoltava-me quando via amigos ou colegas de escola apanharem de seus pais ou mesmo de outros adultos. Achava aquilo uma covardia, uma simples aplicação da lei do mais forte sem nenhum critério de justiça. Por tudo isso decidi ser professora, para mostrar como se deve educar alguém, especialmente uma criança. Bem, assim eu pensava até o início do ano letivo, porque agora já não sei mais.

O Pedrinho, um dos meus alunos, me deixa louca, fora de mim. Garoto levado, sem limites, falta com o respeito a quem quer que seja, tudo resolve na violência contra os outros e me desafia diariamente na sala de aula. Não sei mais o que fazer!

Eu estava com esses pensamentos quando o telefone tocou. Era minha mãe.

– Então, filha, tudo bem com você?

– Sim, mãe, está tudo bem.

– Sua voz está triste, meio perdida, o que está acontecendo?

Mãe é sempre mãe, tem um sentido a mais e capta nossos sentimentos, por isso não pude evitar o assunto.

– É o Pedrinho, aquele meu aluno terrível, não sei mais o que fazer.

– Ele aprontou mais uma, não é mesmo?

– E como, mãe...

– O que você pretende fazer?

Boa pergunta, pensei. Bem que minha mãe podia me dar a resposta.

Fiquei tentada em saber sua opinião e perguntei:

– Mãe, no meu lugar, o que você faria?

– Dava ao Pedrinho tudo o que ele está precisando.

– Como assim, mãe? Não entendi.

– Ora, minha filha, então você não percebe que ele lhe desafia e a todos na escola porque está precisando de afeto, de atenção, de estímulos emocionais? Esse garoto precisa também de limites e de tarefas a realizar para compreender as responsabilidades de viver com os outros. Dê-lhe trabalho, deixe-o sentar ao seu lado, diga a ele que você gosta muito dele.

Tive que interromper minha mãe nesse momento, pois considerei que ela estava fora da realidade.

– Que é isso, mãe! Ele é capaz de me dar uma bofetada, isso sim.

– Talvez até tenha o impulso, mas não é provável, porque ninguém, ainda mais uma criança, resiste a um gesto de amor, de carinho, que, com certeza, ele está precisando. Faça a ele o que eu sempre fiz com você.

Agradeci à minha mãe pelos conselhos, conversamos outros assuntos e logo depois me vi entre mil pensamentos sobre que atitudes seriam mais convenientes. Fui dormir sem me decidir e, no dia seguinte, de volta à escola, fiz o que nunca tinha feito. Abracei o Pedrinho, dei-lhe um beijo no rosto e disse que gostava muito dele. O garoto ficou surpreendido e não lhe dei chance alguma para fazer o que sempre fizera: coloquei-o como meu ajudante e fiz com que trabalhasse o tempo todo, mesmo com demonstrações de má vontade de vez em quando.

Dias depois, conversando novamente com minha mãe, ela me perguntou do Pedrinho. Dessa vez sorri, devo mesmo ter ficado corada de felicidade, e respondi:

– Eu o conquistei fazendo o que a senhora me aconselhou.

A felicidade era minha, pois eu estava na frente de batalha, mas sabia a quem devia essa vitória: à minha mãe, que nunca me batera, que sempre me orientara, que sempre me dera amor, justamente o que toda professora devia dar aos seus alunos.

SANTO AGOSTINHO NOS PEDE

Oh, espíritas! Compreendei neste momento o grande papel da humanidade! Compreendei que, quando gerais um corpo, a alma que encarna vem do espaço para progredir. Tomai conhecimento dos vossos deveres, e ponde todo o vosso amor em aproximar essa alma de Deus; é essa a missão que vos está confiada, e da qual recebereis a recompensa, se a cumprirdes fielmente. Vossos cuidados, a educação que lhe derdes, auxiliarão o seu aperfeiçoamento e a sua felicidade futura.

O Evangelho segundo o Espiritismo, **cap, 14, item 9, Lake, 32ª edição, tradução e notas de J. Herculano Pires.**

As novas gerações, se mais inteligentes, são também carentes de afeto, de amor, de empatia, de orientação moral.

Não só as mães devem amar os filhos, mas também os pais. E o amor não deve estar presente somente na família, mas igualmente na escola, onde os professores devem ser segundos pais e mães das crianças.

Somente o amor educa, somente o amor constrói. Que o diga nossa professora.

Capítulo 14

DIANTE DA DOR

Quem, nesta existência, não tem tribulações? Quem, hoje ou amanhã, não sentirá uma dor física ou moral? Você não é diferente dos outros e, portanto, está sujeito a passar por algum problema, alguma aflição, mais ou menos intensa, até porque estamos num planeta de expiações e provas. Entretanto, o que fazemos com a dor, com a aflição, é o que deve ser melhor compreendido, pois temos opções muito claras quanto a isso.

Uma opção é se entregar à dor e, portanto, aumentar o sofrimento, achando que tudo está perdido, que não tem como suportar. Essa opção não é das melhores, pois, em sã consciência, ninguém quer agravar os seus males. Então, vamos para a outra opção: resignar-se com a dor, crer na justiça infalível de Deus, e trabalhar para transformá-la em aprendizado para cuidarmos melhor de nós, tanto no que se refere à saúde do corpo quanto à saúde do espírito. E como cuidamos da saúde do espírito? Nos conhecendo e autoeducando, ao mesmo tempo em que nos esforçamos para praticar o bem e amar ao próximo. Por esse motivo Allan Kardec, o codificador do espiritismo, sancionou o lema "Fora da caridade não há salvação".

A dor pode ter como causa algo não muito bom que fizemos em existência passada, e que agora temos que reparar, ou algo provocado por nosso orgulho e inconsequência nesta encarnação. Sobre isso, vale a pena ler o capítulo 5 de *O Evangelho segundo o Espiritismo*, onde o codificador e os benfeitores espirituais da humanidade falam sobre as causas atuais e anteriores das aflições.

> Seja qual for a dor que lhe visita, lembre-se que ela é porta para o aprendizado do amor. Seja uma expiação ou prova, importante é recebê-la como bênção divina, aquele aguilhão necessário para a marcha do nosso progresso.

SERENIDADE E PAZ

É da vida que tenhamos problemas a resolver, isso em diversas áreas, pois existem os problemas familiares, os problemas sociais, os problemas financeiros, os problemas morais e assim por diante, sempre nos colocando desafios a vencer, e isso é bom, pois então temos oportunidade de colocar em ação nossa força de vontade e fazer novos aprendizados, o que serve para progredirmos. A questão não está no "problema" a resolver, e sim como encaramos esse problema e qual nossa atitude. Existem pessoas que se desesperam, se desequilibram e acreditam não haver solução. Outras se acomodam, deixam o problema se arrastar com o tempo sem procurar a solução. E temos outras pessoas que logo se movimentam ao encontro da solução, com perseverança e confiança. Temos, então, três tipos de pessoas no enfrentamento de um problema. Sem dúvida estar no terceiro grupo é o ideal, ou seja, das pessoas que usam a perseverança e a confiança, normalmente aliadas da serenidade e da paz, até porque gritar, brigar, maldizer a tudo e todos, descabelar-se, são atitudes que desarranjam nosso organismo físico e desequilibram nossa saúde emocional.

"Para tudo se dá um jeito" diz antigo provérbio, e como nada acontece por acaso, de tudo podemos tirar proveitosas lições, inclusive aprendendo a superar a timidez e a procurar auxílio de outras pessoas, vencendo assim o orgulho e o egoísmo que ainda estão conosco.

Tenhamos serenidade, confiando em Deus, estabelecendo vínculo positivo com os bons espíritos, que nos auxiliarão na medida do possível para encontrarmos a melhor solução, sempre pensando no bem da maioria, pois na hora do "problema" é que fica evidente que o "amai-vos uns aos outros" é a melhor solução, a única que gera a tão sonhada paz.

Confia em Deus, que é justo e misericordioso, trabalha e segue perseverante, que tudo passa.

Capítulo 15

UM NOVO OLHAR

Meia-noite. Está acontecendo um tiroteio. Gritos de medo encobrem a lua.
Está acontecendo um tiroteio entre bandidos e policiais. Estou chegando em casa e um rapaz, de arma em punho, coloca-se à minha frente.
– Fica frio, cala a boca e tudo vai bem.
Como normalmente sou calmo, respondi ao rapaz:
– Não se preocupe, comigo está tudo bem, você nada precisa temer.
Ele não respondeu, preocupado em olhar para os dois lados da rua, à procura dos policiais. Como ele não tomasse nenhuma iniciativa, perguntei:
– Não é melhor guardar essa arma?
– Tá louco, tio, com ela eu me garanto – foi sua resposta.

Garantia do quê? pensei, e logo argumentei:

– Que garantia, se você pode ser baleado em qualquer esquina, ou mesmo ser morto?

Ouvindo minha argumentação ele fixou seu olhar em mim e retrucou:

– Você tem arma melhor?

Como quem pergunta sempre quer uma resposta, não esperei:

– Tenho, sim. Mas não é exatamente a arma que você está pensando. Uso várias armas: o trabalho, a vida honesta, a calma, o caráter fazendo o bem. Enquanto você está aí morrendo de medo, eu vivo tranquilo o meu dia a dia, e sem precisar levar qualquer outra arma.

Minhas palavras tiveram o efeito de despertá-lo:

– Cara, você está brincando comigo?

– Claro que não, estou falando sério. Daqui a pouco você poderá ser mais um cadáver ensanguentado no meio da rua, e daí? Jovem e morto. Valeu a pena? Acredito que não.

Seus pensamentos deviam estar bastante confusos e assim ficou em silêncio, como toda a rua, já que não estava mais ouvindo tiros nem vozes.

A polícia tinha tomado outro rumo.

Retomei a palavra:

– Não sei, meu jovem, o que você fez, mas sempre é tempo de repensar a vida, de fazer outro caminho e viver melhor.

– Você faz o quê? – perguntou.

– Sou professor – respondi.

Ele guardou a arma debaixo da camiseta e me disse:

– É, tô sabendo... professor. Legal.
– Você sabe ler e escrever?
– Sei não.
– Então eu lhe convido para ir até a escola aqui do conjunto e me procurar. Sou o professor Mário e vou lhe ensinar a ler, escrever e outras coisas.
– Não posso, tem gente que pode me "queimar" lá.
– Nesse caso, aqui é minha casa, as aulas serão aqui, e de graça.

O rapaz me olhou, sorriu e saiu correndo. Duas semanas depois ele apareceu e perguntou se eu estava a fim daquele compromisso. Disse que sim e começamos naquela noite a primeira aula.

Nunca lhe perguntei sobre sua vida. Tudo o que me disse foi espontâneo e depois de alguns meses ele desapareceu.

Sabe por que estou contando esta história? É que acabo de ver, anos depois do ocorrido, no noticiário da televisão esse rapaz, de terno e gravata, como advogado de gente pobre da comunidade. E muitas pessoas não acreditam no poder da educação e dos bons exemplos.

FÉNELON ADVERTE

É o contato que o homem experimenta do egoísmo dos outros que o torna geralmente egoísta, porque sente a necessidade de se pôr na defensiva. Vendo que os outros pensam em si mesmos e não nele, é levado a ocupar-se de si mesmo mais que dos outros. Que o princípio da caridade, da fraternidade seja a base das instituições sociais, das relações legais de povo para povo e de homem para homem, e este pensará menos em si mesmo quando vir que os outros o fazem; sofrerá, assim, a influência moralizante do exemplo e do contato.

Resposta do espírito Fénelon à questão 917 de *O Livro dos Espíritos*, edição Feesp, 1972, tradução de J. Herculano Pires.

O professor acreditou no jovem e colocou-se à disposição para ajudá-lo. Seu exemplo e contato transformaram o jovem.

É nosso egoísmo, individualismo e apego a tudo que é da matéria, que torna os outros igualmente egoístas e materialistas.

É nosso desprendimento, cooperativismo e humanismo que tornará a humanidade fraterna, solidária e feliz.

Capítulo 16

MESTRE, GUIA E MODELO

Nem todas as pessoas, mesmo ligadas a uma doutrina religiosa, conhecem realmente Jesus e seu significado para o homem e a humanidade. Envolto em mistérios, explicações místicas, debates históricos e confundido, muitas vezes, com Deus, ele permanece distante do cotidiano da vida, quando, na verdade, deveria estar presente nos corações e nas mentes de todos nós. O espiritismo, no devido tempo, como Consolador Prometido, veio desmistificar Jesus e revelar realmente quem ele é, sua missão e sua importância.

Mas antes do espiritismo, o próprio Jesus revelou-se, como transcrito pelo apóstolo Mateus e igualmente por Marcos em seus Evangelhos:

114 | Marcus De Mario

> E veio Jesus para os lados de Cesareia de Felipe, e interrogou seus discípulos, dizendo: Quem dizem os homens que é o Filho do Homem? E eles responderam: Uns dizem que é João Batista, mas outros que é Elias, e outros que Jeremias ou alguns dos Profetas. Disse-lhes Jesus: E vós, quem dizeis que sou eu? Respondendo Simão Pedro, disse: Tu és o Cristo, filho do Deus vivo. E respondendo Jesus, lhe disse: Bem-aventurado és, Simão, filho de Jonas, porque não foi a carne e o sangue que te revelaram isso, mas sim meu Pai, que está nos céus.
>
> **(Mateus, 16:13-17).**

A designação "Tu és o Cristo" significa que Jesus é o Messias, o Ungido (abençoado por Deus), o Enviado Divino. A palavra Cristo é um título, portanto ele confirmou que era aquele anunciado pelos profetas, daí também nos referirmos a ele como Jesus, o Cristo. Esse termo teve origem nas traduções gregas dos evangelhos.

Em seus magistrais diálogos com as pessoas, quando nunca perdia o ensejo de ensinar, recusou todos os títulos que lhe quiseram outorgar, aceitando apenas o de Mestre, porque, de fato, era essa sua missão na Terra: ensinar os homens sobre a lei divina, a realidade imortal da vida e o amor como fonte de tudo o que existe e das relações humanas.

Finalmente, na questão 625 de *O Livro dos Espíritos*, recebemos a informação de que Jesus é o *tipo mais perfeito que Deus ofereceu ao homem para lhe servir de guia e modelo*. Essa informação é corroborada pela universalidade do ensino dos espíritos que, através de diversos médiuns, em datas e locais diferentes, estabelecem Jesus como espírito perfeito e governador planetário.

Apesar da grandiosidade desse espírito, mantém-se próximo a cada um dos seus irmãos em humanidade, quer estejam encarnados ou desencarnados, pois suas marcas são o amor e a humildade. Por isso sempre esteve no meio da multidão, ensinando na praça pública, atendendo os necessitados do corpo e da alma. E assim continua, velando por todos.

Mestre, guia e modelo ontem, hoje e sempre. Conhecê-lo e segui-lo é o que precisamos e devemos fazer.

Capítulo 17

O PERFUME DA FLOR

CRESCIDA EM MEIO à extensa vegetação multicor, uma flor queixava-se do seu perfume. Considerava-o fraco, sem distinção entre os demais perfumes da natureza. Vivia de mau humor descarregando sua frustração sobre as outras flores, que considerava mais bonitas e perfumadas.

Era jovem a nossa flor e não gostava de muita conversa, vivendo retraída num canto da extensa vegetação, embora as outras flores procurassem entreter diálogo.

Um dia uma flor mais velha lhe dirigiu a palavra:
– Que tens, linda florzinha, que vives sempre triste?
– É que sou a mais feia e com menos perfume – respondeu ela, cabisbaixa.
– E quem te afirmou essas coisas?

– Ninguém, eu sei porque vejo as outras flores mais belas e perfumadas.

A flor mais velha aproveitou o vento para balançar sua cabeça e indagou:

– E você já procurou saber a opinião das outras flores sobre ti?

– Não, não quero ouvir ninguém... devem pensar coisas horríveis sobre mim. Enfeio a vegetação, sou uma desgraça para o reino florido.

– Escuta, minha irmã, se continuares a colocar pensamentos e palavras nos outros a seu próprio respeito, nunca saberás a verdade sobre ti mesma. Tu deves ouvir dos outros e não achar que eles pensem isso ou aquilo. Eu, por exemplo, considero-a graciosa e belo exemplar de tua espécie.

Incrédula, a jovem flor retrucou:

– Você só quer ser amável comigo.

– E se for verdade, que mal há nisso? A amabilidade, o afeto, a doçura fazem parte da convivência, mas saiba que falo do que sinto.

Uma pausa natural ocorreu na conversação. A jovem flor pensou e perguntou:

– E meu perfume?

– É teu – respondeu a outra flor – é tua identidade, tua marca, o que te caracteriza e diferencia de todas as outras flores. És única no meio deste extenso jardim. Isso, porventura, não é maravilhoso?

A partir desse dia a flor melhorou sua autoestima percebendo que não precisava se preocupar com o julgamento alheio, e que para melhor viver era necessário considerar sua própria individualidade e não colocar na boca dos outros os próprios pensamentos.

Ela não percebeu, mas seu perfume, a cada dia que passava, mais forte foi ficando.

Entendemos com Kardec

A porta da perdição é larga, porque as más paixões são numerosas e o caminho do mal é o mais frequentado. A da salvação é estreita, porque o homem que deseja transpô-la deve fazer grandes esforços para vencer as suas más tendências, e poucos se resignam a isso. Completa-se a máxima: São muitos os chamados e poucos os escolhidos.

O Evangelho segundo o Espiritismo, cap. 18, item 5, Lake, 32ª edição, tradução de J. Herculano Pires).

Não sejamos como a flor que se rebaixa, que se considera imperfeita e não faz esforços para colocar em evidência seu potencial divino.

Resignar-se não significa baixar a cabeça e deixar a vida nos levar. Significa aceitar desígnio superior e tudo fazer para melhorar, pois aqui estamos para dar continuidade ao nosso aperfeiçoamento intelectual e moral.

Sejamos como a flor que percebe a importância de cada elemento na criação divina, e faz sua parte.

Capítulo 18

OS BENEFÍCIOS DA GRATIDÃO

VOCÊ SABIA QUE viver agradecido por tudo traz felicidade? Isso mesmo, quanto mais grato você for ao que lhe fazem, mais feliz você fica. Essa conclusão é do Dr. Robert A. Emmons, professor da Universidade da Califórnia. Só que a gratidão não pode ser uma obrigação, pois assim ela perde o sentido. Tem de ser natural, dirigida às coisas que, de um modo ou outro, lhe fazem bem. Ainda o Dr. Emmons descobriu que "a gratidão é ainda mais importante durante épocas em que tudo parece estar perdido. Encontrar algo para estimar e valorizar pode nos salvar do desespero, o que é impossível com queixas e lamentos. O mais importante é comemorar a vida enquanto ela existe".

Em *O Evangelho segundo o Espiritismo*, em seu capítulo 28, item 28, Allan Kardec insere importante texto sobre o assunto, lembrando o quanto temos de ser gratos a Deus por tudo o que recebemos na vida. Eis o texto:

> É necessário não considerarmos como felizes apenas os acontecimentos importantes, pois os que parecem insignificantes são frequentemente os que mais influem no nosso destino. O homem esquece facilmente o bem, e se lembra mais do que o aflige. Se diariamente notássemos os benefícios que recebemos, sem pedir, ficaríamos muitas vezes admirados de haver recebido tanta coisa que nos esquecemos, e nos sentiríamos humilhados pela nossa ingratidão. Cada noite, elevando nossa alma a Deus, devemos recordar intimamente os favores que Ele nos concedeu durante o dia, e agradecê-Lo. É sobretudo no momento em que experimentamos os benefícios da sua bondade e da sua proteção que, espontaneamente, devemos testemunhar-lhe a nossa gratidão. Basta para isso um pensamento que lhe atribua o benefício, sem necessidade de interromper o trabalho. Os favores de Deus não consistem apenas em benefícios materiais. Devemos igualmente agradecer-Lhe as boas ideias, as inspirações felizes que nos são dadas. Enquanto o orgulhoso tudo atribui aos seus próprios méritos, e o incrédulo ao acaso, o homem de fé rende graças a Deus e aos bons espíritos pelo que recebeu. Para isso, são inúteis as longas frases. "Obrigado, meu Deus, pelo bom pensamento que me inspiraste!", diz mais do que muitas palavras. O impulso espontâneo que nos faz atribuir a Deus tudo o que nos acontece de bom, é o testemunho natural de um hábito de

reconhecimento e de humildade, que nos atrai a simpatia dos bons espíritos.

A gratidão a Deus e às pessoas não nos isenta de enfrentarmos as vicissitudes da vida, pois estamos num mundo de expiações e provas, mas com a gratidão e o reconhecimento aprendemos a aceitar melhor as coisas provocando um forte eco emocional para encobrir resmungos e lamentos, que apenas nos desequilibram e trazem consequências ruins para nossa saúde orgânica e psíquica.

Em seu livro *Psicologia da gratidão* a benfeitora espiritual Joanna de Ângelis assim se expressa através da psicografia do médium Divaldo Pereira Franco:

> Gratidão é como luz na sua velocidade percorrendo os espaços e clareando todo o percurso, sem se dar conta, sem o propósito de diluir-se no facho incandescente que assinala a sua conquista. Uma das razões fundamentais para que a gratidão se expresse é o estímulo propiciado pela humildade que faz se compreenda o quanto se recebe, desde o ar que se respira gratuitamente aos nobres fenômenos automáticos do organismo, preservadores da existência. Nessa percepção da humildade, ressuma o sentimento de alegria por tudo quanto é feito por outros, mesmo que sem ter ciência, em favor, em benefício dos demais. Essa identificação proporciona o amadurecimento psicológico, facultando compreender-se que ninguém é autossuficiente a tal ponto que não depende de nada ou de ninguém, numa soberba que lhe expressa a fragilidade emocional. Sem esse

sentimento de identificação das manifestações gloriosas do existir, a gratulação não vai além da presunção de devolver, de nada ficar-se devendo a outrem, de passar incólume pelos caminhos existenciais, sem carregar débitos... Quando se é grato, alcança-se a individuação que liberta. Para se atingir, no entanto, esse nível, o caminho é longo, atraente, fascinante e desafiador.

Os benefícios da gratidão são inúmeros, gerando paz íntima e nos predispondo a colaborar com Deus em sua obra. Com a gratidão ampliamos nossa resignação, pois compreendemos que os desígnios divinos são justos, sempre nos impulsionando para frente e para o alto, e com a gratidão superamos desavenças, dissabores, mágoas, resmungos, vivendo bem melhor e semeando essa vida mais feliz nos corações daqueles que partilham sua vida com a nossa vida.

Façamos diariamente o exercício de sermos gratos às pessoas que amamos e àquelas que nos amam. Lembremos de agradecer aos espíritos amigos que velam por nós. Sintonizemos em prece com nosso mestre Jesus, que nos ama incondicionalmente, e louvemos a Deus pela vida que nos dá. São exercícios de gratidão tornando nossa vida mais fácil, mais alegre e menos penosa.

Capítulo 19

EU E MEUS FILHOS

Cheguei à residência do casal amigo no início da noite, onde ficaria para dormir antes de partir para compromisso profissional naquela cidade do interior no dia seguinte. Fui apresentado aos jovens filhos, um casal, que estava de saída para ir ao baile, afinal era sábado à noite.

Meu amigo iniciou a conversa contando-me cenas que, ao mesmo tempo, são hilariantes e reflexivas sobre a preocupação que todo pai tem para com seus filhos. Disse-me ele:

– Sempre fui muito preocupado com o dia em que minha filha me comunicasse o namoro com alguém.

– Por quê? – perguntei eu, ingenuamente.

– Eu ficava pensando no tipo de garoto que ela iria me apresentar. Você sabe, eu não gosto de homem que usa brinco ou qualquer outra coisa parecida no corpo. E jurei a mim mesmo que se o jovem usasse algo assim eu não o aceitaria como namorado de minha filha.

– Você não acha isso puro preconceito?

– Pois é, eu sei disso, mas quando ela chegou um dia e disse que iria me apresentar um rapaz no fim da tarde, eu fiquei louco. Não consegui pelo resto do dia me concentrar em nada, só pensava em como seria ele e que atitude eu deveria tomar.

– E como foi essa apresentação?

Meu amigo deu um sorriso amarelo e prosseguiu:

– Pois é, sabe que o namorado, o tal jovem, era bem simpático, comportado... Tudo o que eu sempre tinha imaginado para minha filha, o príncipe encantado perfeito.

– E você deve ter ficado muito feliz.

– E como! Até o casamento dela comecei a sonhar.

Nesse momento senti vontade de intervir e dar-lhe uns bons conselhos, pois ele estava tirando a liberdade da própria filha, mas resolvi calar e ouvir o resto da história.

– Seis meses depois eles desmancharam o namoro. Fiquei arrasado e voltei a ficar com as mesmas preocupações de antes.

– Mas você precisa entender que essa época dos pais escolherem os maridos e as esposas dos filhos já passou...

– E você pensa que eu não entendi?

Minha curiosidade ficou aguçada e fiz a pergunta fatal:

– Como?

– Foi aqui mesmo nesta sala. Eu não queria deixar os dois irem ao baile num clube por causa da violência, das drogas e tudo o mais. Meu filho então me perguntou como eu havia conhecido sua mãe. Respondi sem pensar: Foi num baile!

Bem, amigo leitor, você já pode imaginar o inusitado da cena. Meu companheiro de conversa finalmente entendera o que estava fazendo e pediu sinceras desculpas aos filhos.

Aprendemos com os espíritos

São os pais que, por orgulho ou avareza, fazem os filhos se desviarem do caminho traçado pela natureza, comprometendo-lhes com isso a felicidade. Mas serão responsabilizados.

O Livro dos Espíritos, **questão 928, edição Feesp, 1972, tradução de J. Herculano Pires.**

Preocupações com a vida dos filhos todos os pais têm, mas decidir sobre a vida dos mesmos e escolher até suas companhias reflete um passado da história humana que deve ser superado.

Melhor é ser um amigo orientador, do que um pai autoritário e de difícil diálogo. Podemos sonhar à vontade sobre o futuro de nossos filhos, mas quem deve viver o sonho são eles, senão estamos sujeitos à grande contradição em que caiu meu amigo, não é mesmo?

Capítulo 20

PROBLEMA E SOLUÇÃO

TODOS NÓS, OS viventes neste mundo de expiações e provas, temos problemas e dificuldades a resolver, às vezes exigindo mais de nós mesmos, outras vezes sendo apenas questões do dia a dia. A pergunta que devemos fazer é: como melhor resolver os problemas e dificuldades? Vamos refletir para buscar a melhor resposta, o melhor caminho, a partir de uma técnica ensinada pelo psicólogo norte-americano Daniel Goleman, autor do livro *Inteligência emocional*.

O primeiro passo é admitir para si mesmo a existência do problema. Fingir que ele não existe é apenas empurrá-lo para a frente, pois haverá hora em que teremos de encará-lo e resolvê-lo, e ele poderá estar mais agravado, mais complicado, justamente porque não quisemos encará-lo quando era o momento para isso. A recomendação é que, diante de um problema, façamos uma parada, ou seja, parar diante do problema para poder pensar, refletir, sem ação precipitada. Esse primeiro passo recebe a letra "P" de parar.

O segundo passo recomendado é também conhecido como 1R, que significa reparar em si mesmo, olhar para si, para perceber os próprios pensamentos e atitudes, pois até certo ponto temos parte no problema, que pode ter surgido por nossa própria culpa, ou seja, podemos ser os causadores do que agora está nos atingindo e afligindo. É hora também de verificar as próprias possibilidades, as próprias forças para encarar o problema. Esse passo chama-se 1R, de reparar em si mesmo.

Temos o terceiro passo, importante para resolução de qualquer problema. Já paramos, reparamos em nós mesmos, agora é a hora de respirar, isso mesmo, respirar profundamente para colocar os pensamentos em ordem, relaxar a musculatura e dar um tempo, para não agirmos com precipitação. É o 2R, de respirar.

Vamos ao quarto passo. Para um problema podemos ter várias soluções. Qual é a melhor? Para uma tomada de decisão temos que listar todas as possibilidades, medir as consequências de cada uma e, refletindo bastante, escolher a que vamos colocar em prática. Estamos na fase do 3R, de refletir.

Finalmente, chegamos ao último passo. Já estamos conscientes do problema e paramos para não agir sem pensar, reparamos em nós mesmos, respiramos com calma, refletimos muito sobre o que seria melhor fazer,

ALÉM DAS APARÊNCIAS – HISTÓRIAS E REFLEXÕES PARA ENTENDER A VIDA | 131

agora é a hora de colocar em ação a solução escolhida para resolver o problema, ou seja, é o 4R, de resolver. É a ordem que devemos dar a nós mesmos: vá lá e resolva! Com os ensinos espíritas essa técnica do 1P e 4R ganha ainda maior dimensão, pois não vivemos apenas o aqui e agora. Somos espíritos imortais trazendo um planejamento reencarnatório onde se inserem os desafios existenciais, tanto para repararmos o passado, o que fizemos de errado em existências anteriores, quanto para nos testar e alavancar nosso progresso intelectual e moral. Nesse contexto o espiritismo nos faz entender que dificuldades e problemas ainda fazem parte do viver aqui na Terra, pois todos estamos no patamar de espíritos imperfeitos, vivendo numa sociedade que está longe da plena aplicação do amai-vos uns aos outros.

Quando "perdemos" a calma diante de um problema, reagindo com desequilíbrio emocional, com impulsividade desmedida ou mesmo com violência, não estamos apenas complicando nossa vida terrena, estamos inserindo um débito em nossa ficha espiritual, pois a lei divina funciona como lei de consequências, pois a cada um é dado segundo suas obras, ou seja, segundo o que faz e a intenção com que fez, podendo levar o problema, agora agravado, para depois da morte, para o mundo espiritual.

Disse-nos Jesus que o mundo será dos brandos e pacíficos, e não dos nervosos e violentos. Ele está se referindo ao futuro da humanidade, quando o mundo será de regeneração, onde o bem predominará sobre o mal. Para estarmos entre aqueles que habitarão a Terra nesse novo grau de evolução, precisamos parar para rever pensamentos e posturas. Precisamos perceber quem somos, almas imortais destinadas à felicidade, à perfeição. Precisamos saber respirar para controle de nós mesmos. Precisamos aprender a refletir sobre as situações, suas causas e possíveis soluções, inclusive meditando sobre as consequências de cada ação possível de ser implementada. E precisamos não adiar mais a solução, colocando em prática a que melhor consideremos seja boa para resolver o problema.

Tudo isso pode ser resumido num conceito bem desenvolvido pelo espiritismo: conhecimento de si mesmo. É o processo de autoeducação, quando descobrimos nosso potencial divino e passamos a vibrar na energia do amor, respeitando o próximo, compreendendo-o e trabalhando pelo bem comum.

Todo problema tem solução, não importa que esteja vindo de um passado remoto. Se tivermos calma, se soubermos refletir e medir as consequências de cada ação possível, se dermos campo para receber as boas inspirações espirituais, decerto conseguiremos agir com acerto para resolução do problema, ainda mais se tudo for feito com amor a nós mesmos, ao próximo e, por consequência, a Deus.

Capítulo 21

O DOCE CANTO DO PÁSSARO

Todos os dias um pássaro canta abrindo a manhã. Ele está no galho de uma árvore, ou na beira do telhado, ou mesmo no peitoril da janela. Seu canto é doce, encantador e convida para o término do sono refazedor das energias. Nunca vi o pássaro. Sempre que abro os olhos ele não está mais no lugar de onde veio seu canto. Não sei seu tamanho, nem as cores de sua plumagem. Do pássaro conheço apenas a voz e a melodia tão suave que enternece meu ser.

Todos os meus dias são preenchidos, em seu início, com o canto desse pássaro misterioso, e eu abro os olhos para a natureza e agradeço sensibilizado pelo presente que me é dado.

Quem é ele? Não importa. Importante é o que ele faz e o que representa para minha vida. Alegra-me, inspira-me, me torna feliz e esperançoso e nada pede em troca. Apenas canta, todas as manhãs, sempre a mesma melodia. É o encantador do meu coração. Com o pássaro aprendi a amar sem pedir recompensa. Com o pássaro aprendi a ajudar sem esperar gratidão. Com o pássaro aprendi a ver o belo ao meu redor, com sol ou chuva. O pássaro que canta a doce melodia é meu mestre invisível.

Todos os dias aguardo ansioso o sono que me convida ao repouso, pois sei que, pela manhã do dia seguinte, ele ali estará, mais uma vez, para me convidar a aprender um pouco mais com seu canto inconfundível.

Canta, meu doce pássaro. Canta, que serei sempre teu ouvinte.

Disse um espírito protetor

Se tiverdes amor, tereis colocado o vosso tesouro onde nem a traça nem a ferrugem os devoram, e vereis desaparecer insensivelmente da vossa alma tudo o que lhe possa manchar a pureza. Dia a dia sentireis que o fardo da matéria se torna mais leve. E, como um pássaro que voa nos

ares e não se lembra da terra, subireis incessan-
temente, subireis sempre, até que a vossa alma,
inebriada, se impregne da verdadeira vida no
seio do Senhor.

Item 19 do capítulo 8 de *O Evangelho segundo o*
Espiritismo, **32ª edição da Lake, na tradução de J.**
Herculano Pires.

Quem ouve os pássaros pelas manhãs, e ao entardecer, estará mais apto para ter amor e dar amor.

Capítulo 22

QUANTO PESA A DOR

Sempre que o vento sopra frio e as nuvens encobrem o sol, a dor moral que nos visita parece ficar mais aguda e pesada. Era assim que pensava o rei diante dos problemas do vasto império, agora que estava sob pesadas acusações de seus opositores.

Como é difícil contentar a todos! Quanta dificuldade para atender os reclamos de cada grupo! E as incompreensões às novas ideias eram tantas. O rei cismava nesses pensamentos ao mesmo tempo em que contemplava o céu nublado através da imensa janela de seu gabinete de trabalho. Tudo parecia tão triste que o desânimo começou a tomar conta de si.

Foi então que seus olhos saíram do céu para vislumbrar o extenso jardim que adornava o palácio. As plantas, as flores, os gramados, as árvores pareciam não se importar com o tempo feio que o céu anunciava. Continuavam majestosas, enfeitando com sua beleza a principal casa de serviço do império.

O rei lembrou que todos os dias essas mesmas flores, plantas, gramados e árvores suportavam a poda dos jardineiros, os abusos dos visitantes, o sol ardente, a chuva impiedosa e mesmo assim continuavam a servir sua beleza aos olhos de quem as observasse.

Pensar nisso fez bem ao rei. Sacudiu os ombros como se livrasse de um peso imaginário, lembrou dos amigos e das coisas boas de sua administração e resolveu continuar o trabalho, apesar das dificuldades.

Ouvindo os Benfeitores da Humanidade

Para aqueles que exercem as suas faculdades com um fim útil e segundo as suas aptidões naturais, o trabalho nada tem de árido e a vida se escoa mais rapidamente; suportam as suas vicissitudes com tanto mais paciência e resignação, quanto mais agem tendo em vista a felicidade mais sólida e mais durável que os espera.

Resposta à questão 943 de *O Livro dos Espíritos*, edição Feesp, 1972, tradução de J. Herculano Pires.

O peso do desânimo é igual à erva daninha que se

infiltra no jardim e não é retirada pelo jardineiro. Toma conta de tudo e destrói o trabalho já realizado. Igual ao rei, sacode o desânimo de si mesmo e continua.

Olha para a natureza e sê como ela: trabalhando sempre para fazer da vida a arte do belo e do bem.

A dor moral só pesa para quem der importância a ela, foi a conclusão do rei.

Capítulo 23

CARTA PELA PAZ NO MUNDO

ESTA CARTA É ao mesmo tempo um apelo à razão e à emoção, procurando falar às mentes e aos corações de todos os homens e mulheres da humanidade, da criança ao idoso, no sentido de sensibilizar para a paz, para as atitudes de não violência, para o respeito aos direitos do outro, e para uma educação que valorize o ser humano e lhe dê um ideal superior de vida, levando-o a sentir sua espiritualidade, único antídoto contra o egoísmo, o orgulho, a hipocrisia, a vaidade, a indiferença e a violência que ainda predominam no mundo.

A solidariedade, a cooperação, a fraternidade e a liberdade devem caracterizar a sociedade humana do terceiro milênio, sob pena de continuarmos a assistir, durante muito tempo, a injustiça social, a miséria, a poluição ambiental, a exploração de todos os matizes, os preconceitos de toda ordem, e as guerras que semeiam a desordem e a destruição, fomentando ódios e vinganças. Para que os novos paradigmas substituam as velhas estruturas sociais, para que renovem a humanidade, é preciso que os interesses políticos, sociais e culturais saiam do patamar imediatista, onde o interesse individual ou de grupo prevalece, para abranger a visão do todo, onde o bem deve prevalecer, sem que ninguém seja prejudicado.

É preciso um esforço sincero de cada um em combater em si mesmo a corrupção de ordem moral, a começar por sair da zona de conforto do individualismo egoísta, para que possamos perceber e sentir aqueles que estão conosco formando a sociedade, gerando então o bem-estar comum, não egoístico, transformando assim o quadro materialista do viver, quando tudo fazemos pensando apenas em nós e naqueles que nos são caros ao coração, para, pelo contrário, pensarmos em todos os seres humanos, em todas as sociedades, em todas as nações, em toda a humanidade.

Irmãos em humanidade!

Sim, chamo a todos de irmãos, pois todos somos seres humanos, todos temos inteligência, todos temos sentimento, e isso independe da cor de nossa pele, do grau de instrução que tenhamos, da religião que professamos, da nação a qual pertencemos. Somos todos seres humanos, somos pessoas, e é isso o que deve nos levar à união. Sem essa visão que transcende a individualidade e o grupo de interesses comuns, continuaremos a criar barreiras para a solidariedade, a cooperação e a paz.

ALÉM DAS APARÊNCIAS – HISTÓRIAS E REFLEXÕES PARA ENTENDER A VIDA | 143

De quantas tragédias ainda necessitamos para aprender a superar as diferenças? Não bastaram as duas guerras mundiais de triste memória? E o que dizer sobre as lutas fratricidas por questões de raça e de religião? Quanto mais de sofrimento precisamos ter para que os chefes das nações, para que os governos se sensibilizem para a urgência da não violência e da cooperação, superando as barreiras ideológicas e econômicas?

Os vícios de toda ordem, com seu cortejo de violências contra o ser humano, não serão controlados e superados apenas com o uso da segurança pública e do militarismo, que acabam gerando revolta, ódio, amargura, desejo de vingança e mais diferenças e sofrimentos. Está na hora da opção pela paz, pelo entendimento, pelo diálogo honesto, sem máscaras, sem hipocrisia, mas com boa vontade, procurando o bem coletivo, pois o verdadeiro bem é aquele que a ninguém prejudica.

Irmãos em humanidade!

Elevemos nosso pensamento a Deus, independente de crença e de filosofia, permitindo que um sentimento maior preencha o vazio de nossas almas, reconhecendo no outro nosso irmão, um ser em desenvolvimento tanto quanto nós, e que aqui se encontra não por acaso, mas sim para cumprir um destino que é alcançar a felicidade, o que não pode conseguir sozinho, mas na interação com os outros, pois somos interdependentes. Mantemos nossas individualidades, somos diferentes no progresso realizado, mas isso não significa que tenhamos de ser inimigos.

A luta pelo poder político, pela hegemonia econô-

144 | Marcus De Mario

mica, pela predominância racial, pela superioridade religiosa, pelo *status* social, têm marcado os homens e mulheres como verdadeiras feras famintas num circo, irracionalmente lutando uns contra os outros, marcando a história humana com ferro e fogo, sem que a violência tenha, em todos os tempos, resolvido uma só questão do viver humano. É urgente estabelecermos a mediação de conflitos com inteligência e sentimento, dos pequenos aos grandes conflitos, fazendo prevalecer no relacionamento interpessoal a inteligência emocional, que nos leva a saber colocarmo-nos no lugar do outro.

O caminho para a paz no mundo é o da educação moral, essa educação que promove a ética nas relações, a honestidade nas ações, a paz nas vivências, a solidariedade em todas as circunstâncias, o respeito às diferenças e aos direitos, a espiritualidade de cada um. Essa educação é a de que necessitamos, única que possui como pilares a solidariedade, a fraternidade, a cooperação e a liberdade, equilibrando o desenvolvimento cognitivo com o desenvolvimento afetivo dos homens e mulheres, desde as novas gerações até os adultos.

Irmãos em humanidade!

O combate à miséria, ao preconceito, à injustiça social, ao materialismo e egoísmo do viver somente pode ser eficaz com a aplicação da educação moral, não somente nas escolas, mas igualmente nas famílias, num processo dinâmico que ofereça a todos, sem distinção, as mesmas oportunidades; que ofereça a todos o olhar para o futuro; que ofereça a cada um o desenvolvimento da sensibilidade, do sentir, para que a indiferença e a insensibilidade sejam páginas viradas de nossa história. A prioridade dos governos deve ser a educação moral, disso não temos dúvida, e quando isso acontecer, finalmente a humanidade terá feito a opção pela paz, pelo amor que deve nos unir mundialmente.

Desejar a paz é uma condição humana natural, mas os caminhos procurados pelo homem para realizar a paz nem sempre são os melhores, pois muitas vezes defendem posições particulares ou de grupo que desrespeitam e violentam a paz dos outros. Não basta desejar a paz se não temos a verdadeira paz, que é a paz do conhecimento de nós mesmos. Conhecer-se é a grande chave para abrir a construção da paz no mundo.

Quem se conhece, nos seus limites e potencialidades, sabe que a sua paz faz limite com a paz dos outros, e que para evitar atritos deve saber conviver respeitando liberdades e direitos ao mesmo tempo em que pratica responsabilidades e deveres.

Falamos muito sobre a paz, mas estamos vivendo a paz, nos atos e pensamentos? Será que viver em paz é ter uma boa situação financeira, um bom *status* social, um bom poder sobre as pessoas, mesmo que isso não seja bom para a maioria? Se assim pensamos, estamos invertendo valores e colocando em risco a sociedade.

Lembremos que quando nos transformamos em autoridade pública, somos representantes do povo, de um desejo coletivo, e não simplesmente representantes de nós mesmos ou de algum grupo com interesses particulares. O egoísmo tem produzido a corrupção, a injustiça social, a miséria, a guerra e tantos outros flagelos que vitimam vidas humanas.

E para aqueles que acreditam estar acima de todas essas coisas, nosso olhar de compaixão, pois a dor moral e a doença física não tem hora marcada, nem aviso prévio. Enquanto estivermos vestindo a capa do egoísmo e do orgulho, quantas pessoas não estarão sofrendo por nossa culpa?

Reflitamos sobre tudo isso, olhemos para o lado e enxerguemos os outros como realmente eles são: seres humanos, pessoas dotadas de sentimento, todos querendo viver em paz, tanto quanto nós.

Pensemos nos outros, e façamos pelos outros o que eles esperam de nós: a construção da paz através de leis justas e respeito aos códigos de direitos humanos.

Paz! Ela depende de cada um, onde estivermos, com quem estivermos.

Que o ódio seja suplantado pelo amor.

Que a indiferença seja substituída pela solidariedade.

Que o preconceito seja trocado pela bondade.

Que as armas sejam substituídas pela cooperação.

Que o egoísmo seja substituído pela humildade.

Que a segurança pública ceda espaço para a educação moral.

Que o sonho de um mundo melhor seja realidade através da não violência, da solidariedade, da fraternidade e da liberdade.

Que o sonho de um mundo melhor seja realidade através da opção pela paz.

Assim, propomos 10 (dez) passos para a construção da paz no mundo, convidando-o a colocá-los em prática:

ALÉM DAS APARÊNCIAS – HISTÓRIAS E REFLEXÕES PARA ENTENDER A VIDA | 147

1. Procure amar os outros, como eles são, respeitando seus direitos, sem fazer exigências.
2. Respeite o ponto de vista dos outros, pois cada um tem seu entendimento, sua visão das coisas e suas perspectivas da vida.
3. Seja compreensivo e tolerante para com os outros, do mesmo modo que deseja que os outros o sejam consigo.
4. Busque sempre o perdão em todas as circunstâncias.
5. Seja a mudança que você deseja ver no mundo.
6. Na administração pública pense sempre no bem-estar coletivo.
7. Substitua a agressividade pelo amor.
8. Faça aos outros somente o que gostaria que os outros lhe fizessem.
9. Combata os vícios morais, desenvolvendo as virtudes, aplicando a si mesmo a educação moral.
10. Eleja a não violência e a paz como roteiros existenciais.

Irmãos em Humanidade!

De todos os cantos planetários as pessoas clamam por paz, bondade, honestidade, justiça, solidariedade. Criemos uma grande corrente pela não violência, agindo a benefício de um mundo melhor, mostrando aos governos das nações e às organizações internacionais que não queremos mais as guerras, não queremos mais os jogos de interesses, não queremos mais a miséria.

Se cada um fizer a sua parte pela paz no mundo, com certeza a Humanidade entrará numa nova era, de entendimento e de ética, quando finalmente conheceremos em plenitude as consequências positivas da mensagem que ecoa desde tempos longínquos: amemo-nos como irmãos!

Se você concorda com esta Carta pela Paz no Mundo, publicada por seu autor, Marcus De Mario, em 1º de janeiro de 2016 – Dia Mundial da Paz e Dia da Fraternidade Universal –, faça sua divulgação por todos os meios disponíveis e nas mais diferentes línguas, para que ela fomente, em todos os cantos do mundo, ações pela paz.

VOCÊ PRECISA CONHECER

Superando aflições
Marcus De Mario
Autoajuda • 14x21 • 200 pp.

Superando aflições foi escrito para esclarecer e consolar. Para sensibilizar e espiritualizar. Para exaltar a vida e combater tudo o que pode manchá-la. Para trazer ao dia a dia os ensinos e exemplos do mestre Jesus. Este livro é um grito em favor da vida, sempre.

Reencarnação - questão de lógica
Américo Domingos Nunes Filho
Estudo • 16x22,5 • 320 pp.

Este livro vem esmiuçar o tema reencarnação, provando em vários aspectos a sua realidade. Américo Domingos Nunes Filho realizou um estudo criterioso e muito bem embasado nos textos bíblicos, em experimentos científicos, nos depoimentos de estudiosos de diversas áreas do conhecimento humano, constituindo-se numa obra que não comporta contestação por sua clareza e veracidade.

Peça e receba – o Universo conspira a seu favor
José Lázaro Boberg
Estudo • 16x22,5 cm • 248 pp.

José Lázaro Boberg reflete sobre a força do pensamento, com base nos estudos desenvolvidos pelos físicos quânticos, que trouxeram um volume extraordinário de ensinamentos a respeito da capacidade que cada ser tem de construir sua própria vida, amparando-se nas Leis do Universo.

VOCÊ PRECISA CONHECER

Espelho d'água
Mônica Aguieiras Cortat • Alice (espírito)
Romance mediúnico • 16x22,5 cm • 368 pp.

Em *O Livro dos Médiuns*, a mediunidade de cura está perfeitamente catalogada, deixando muito claro a importância do assunto, que é o tema central deste romance psicografado por Mônica Aguieiras Cortat, narrando a história das gêmeas Alice e Aline – cada uma com seus diferentes dons, adquiridos ao longo de muitas vidas.

Paixão & sublimação - A história de Virna e Marcus Flávius
Ana Maria de Almeida • Josafat (espírito)
Romance mediúnico • 14x21 • 192 pp.

Atravessando vários períodos da História, Virna e Marcus Flávius, os personagens desta história, serão submetidos ao cadinho das experiências e das provações e, como diamante arrancado da rocha, serão lapidados através das múltiplas experiências na carne até converterem-se em servos de Deus.

O faraó Mernefta
Vera Kryzhanovskaia • John Wilmot Rochester (espírito)
Romance mediúnico • 16x22,5 cm • 304 pp.

O livro *O faraó Mernefta*, personagem que representa uma das encarnações de Rochester, autor espiritual da obra, nos mostra com grande veracidade a destruição que o sentimento de ódio desencadeia na vida do espírito imortal.

Vivendo na época de Moisés, um tempo de repressão e disputa pelo poder, as paixões exacerbadas de seus protagonistas provocaram tragédias que demandariam muito tempo para serem superadas.

VOCÊ PRECISA CONHECER

O mistério do lago
Pedro Santiago • Dizzi Akibah (espírito)
Romance mediúnico • 16x22,5 cm • 336 pp.

Em um lago, numa região rural do Paraguai, fenômenos estranhos acontecem. Corre pela redondeza a história de que ali ocorre a aparição de bela mulher iluminada por um halo azul, e que, após essa aparição, as águas se transformam e quem a bebe fica curado de sua enfermidade. Alícia, mãe de Ceci, encontrou a morte afogada neste mesmo lago. Anos mais tarde caberá a Ceci, que foi criada pelos avós, a tarefa de esclarecer o que realmente acontece ali.

Herdeiros da imortalidade
Ricardo Orestes Forni
Autoajuda • 14x21 cm • 192 pp.

O espírito reencarnado tem que participar do mundo material, onde assume responsabilidades. Com as atribuições do dia a dia, esquecemo-nos de quão fortes somos, e que podemos vencer as barreiras que a vida nos impõe. Nas páginas de *Herdeiros da imortalidade* mergulharemos na realidade espiritual dos motivos pelos quais transitamos temporariamente no mundo dos homens.

Suicídio: a falência da razão
Luiz Gonzaga Pinheiro
Estudo • 14x21 cm • 216 pp.

Por qual razão alguém se acha com o direito de agredir a vida? Todo aquele que atenta contra a vida comete um crime brutal contra as leis de amor instituídas por Deus. Nesta obra, Luiz Gonzaga Pinheiro analisa o suicídio sob diversos aspectos, sempre tentando desconstruir a ideia da sua prática, enfatizando o erro fatal que é a sua realização.

VOCÊ PRECISA CONHECER

O perispírito e suas modelações
Luiz Gonzaga Pinheiro
Doutrinário • 16x22,5 cm • 352 pp.

Com este trabalho o autor vai mergulhar mais fundo no fascinante oceano espiritual. Obra imperdível para conhecer sobre o perispírito, suas modelações e os reflexos das atitudes no corpo espiritual. "Uma notável contribuição para o espiritismo brasileiro", no dizer do escritor Ariovaldo Cavarzan

Getúlio Vargas em dois mundos
Wanda A. Canutti • Eça de Queirós (espírito)
Romance mediúnico • 16x22,5 cm • 344 pp.

Getúlio Vargas realmente suicidou-se? Como foi sua recepção no mundo espiritual? Qual o conteúdo da nova carta à nação, escrita após sua desencarnação? Saiba as respostas para estas e outras perguntas, agora em uma nova edição, com nova capa, novo formato e novo projeto gráfico.

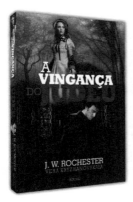

A vingança do judeu
Vera Kryzhanovskaia • J. W. Rochester (espírito)
Romance mediúnico • 16x22,5 cm • 424 pp.

O clássico romance de Rochester agora pela EME, com nova tradução, retrata em cativante história de amor e ódio, os terríveis fatos causados pelos preconceitos de raça, classe social e fortuna e mostra ao leitor a influência benéfica exercida pelo espiritismo sobre a sociedade.

Não encontrando os livros da EME na livraria de sua preferência, solicite o endereço de nosso distribuidor mais próximo de você através de
Fones: (19) 3491-7000 / 3491-5449
(claro) 9 9317-2800 (vivo) 9 9983-2575
E-mail: vendas@editoraeme.com.br – Site: www.editoraeme.com.br